电子商务职业细分化岗位导向型规划教材
编写委员会

电子商务职业细分化岗位导向型规划教材

店铺装修

【京慧越商学院 编】

主 编 苏天保

副主编 李素芳 孙建鑫

编 委 张亚利 陈文吉 梁 敏

河南大学出版社
HENAN UNIVERSITY PRESS
·郑州·

内容简介

随着电子商务的发展，电子商务企业的岗位用人需求趋于细分化，院校电子商务专业依据企业的变化，其课程的设置和授课形式发生了转变，这本书就是根据现在企业所需人才而定制的适合老师们授课需求的新型店铺装修教材。

《店铺装修》是京慧越商学院集合了拥有丰富实战经验的美工讲师编写的，是一本帮助院校学生掌握网店的装修知识的书籍。书中通过案例的分析，介绍了淘宝店铺及店铺各模块的装修设计知识。

《店铺装修》对从初步了解店铺装修到店铺装修的每个模块的知识都进行了梳理，对网店首页各元素设计、网店首页整体打造等技能点进行分析，加上店铺装修的各个模块的装修技巧介绍以及通过 HTML 基础知识进行案例分析的方式，让院校师生更容易接受案例教学！

图书在版编目（C I P）数据

店铺装修 / 京慧越商学院编．—郑州：河南大学出版社， 2017.4（2022.1 重印）
ISBN 978-7-5649-2825-4

Ⅰ．①店…　Ⅱ．①京…　Ⅲ．①电子商务 - 商业经营　Ⅳ．① F713.365.2

中国版本图书馆 CIP 数据核字 (2017) 第 097396 号

责任编辑　辛德萱
责任校对　贾迎峰
整体设计　陈盛杰

出版发行　河南大学出版社
地　　址　郑州市郑东新区商务外环中华大厦 2401 号
邮　　编　450046
电　　话　0371-86059750　0371-86059701（营销部）
网　　址　hupress.henu.edu.cn
印　　刷　郑州新海岸电脑彩色制印有限公司
版　　次　2018 年 8 月第 1 版　　印　　次　2022 年 1 月第 2 次印刷
开　　本　787mm × 1092mm　1/16　　印　　张　9.5
字　　数　211 千字　　定　　价　46.90 元

Preface

序

18 世纪蒸汽机的出现和广泛使用引发了第一次工业革命，机器代替了手工劳动。19 世纪电力的大规模应用造就了第二次工业革命。电力革命给人类社会带来了巨大的进步。从 1986 年中国发出第一封国际电子邮件开始，经过 30 年的发展，互联网在中国有了近 8 亿用户，相当于欧洲人口总量，渗透率近 60%，互联网已经如电力般渗透到我们日常工作生活的每一个角落。随着互联网基础设施建设的不断完善、移动互联网终端的大量普及，政府鼓励互联网产业发展，中国互联网产业正在成为全球最大的经济体。

“互联网 +”早已成为国家战略，在中国互联网过往 30 年的发展历程中，互联网与广告、零售、银行、通信等传统行业的结合，在造就百度、阿里巴巴、京东、腾讯等互联网优秀企业的同时，也为中国的经济转型升级提供了新路径和宝贵的经验。国家正在通过“一带一路”倡议，加强国际交流和对外贸易，大力推进跨境电子商务的发展，推动“中国制造”走向全球。在万物互联的新生态中，企业不再是社会经济活动的最小单位，个人才是社会经济活动的最小细胞，企业的经营模式正在进行深入的变革，快速理解和响应每一个细胞的需求和行为，甚至和每一个不同的人进行情感交流、产生共鸣才能在新的变革中立于不败之地。

随着互联网产业的快速发展，伴随着互联网长大的“90 后”“00 后”逐步成为电子商务的参与者和实施者，全民电子商务近在眼前；电子商务产业在消费环境、资本环境和政策环境方面前景一片大好，当前中国正在经历供给政策改革和消费升级，电子商务是最有力的推手，作为市场的主体企业，拥抱互联网的方式正是电子商务未来的发展趋势。

（1）内贸平台电商。内贸平台电商以阿里系淘宝、天猫、阿里巴巴，京东系为代表，目前是大多数企业在参与的模式，在未来一段时间内还会继续存在。

（2）移动电商。移动电商是基于移动社交建立起来的电商体系，以社群为入口，以社交为信任背书，是电商当之无愧的主战场。

（3）跨境电商。跨境电商已然成为时代的主题，也是国家“一带一路”工作的重头戏，未来的电商一定是全球化的。

（4）产业电商。越来越多的供应链企业直接参与到产业电商的链条中，其中表现突出的就是餐饮电商和旅游电商，主要表现形式为 O2O（线上到线下）。

互联网正在重塑中国的经济生态，互联网与各行各业的深度跨界融合给以电子商务为代表的互联网产业人才培养带来了新的挑战，主要表现为岗位需求量大、复合型强、实操性高。

校企合作共建电子商务专业群，培养符合社会和行业需要的电子商务产业人才，是院校发展的必由之路。基于此，京慧越商学院发起成立了电子商务产教联盟，校企合作共同开发电子商务专业课程体系。课程体系包含专业教材、教学资源、实训平台、产业项目输出，四位一体共同培养复合型电子商务产业人才。

电子商务，电子是手段，是术；商务是本质，是道。在长期的电子商务产业人才培养过程中，我们发现电子商务专业首先还是要解决师生商务人的意识和理念问题，所以此套课程体系采用了独特的 TOJ（training on job，在职培训）教学方法，从电子商务实际岗位出发，涵盖电商美工、电商客服、电商物流、网络营销、电商运营等岗位群，同时融合大数据、移动新媒体和跨境电子商务等主流电子商务新业态，分模块由浅入深进行实操学习。教材配套教学资源请发邮件至 server@jinghuiyue.com 进行联络索取。

本次课程体系开发得到了京慧越商学院 40 多所合作院校领导和电子商务专业老师的大力支持与帮助，我们在这里表示真诚的感谢！我们参考了国内外大量的图书杂志和网站资料，已在本书最后附上参考文献列表，有些在文中注明了出处，在此向有关作者表达我们诚挚的谢意！由于近年来互联网产业发展迅速，大量的新技术、新应用不断产生，加上编者水平有限，因此本书尚有遗漏、不足之处，恳请读者批评指正。希望这次校企共同开发的这一套院校电子商务职业细分化、岗位导向型规划教材对院校的师生学习电子商务专业技能有所帮助。

编著　郑州京慧越科技有限公司

旗下　京慧越商学院

2017 年 7 月

contents
目录

FIRST

01

第1章 初步了解店铺装修

※ 网店装修的重要性

※ 网店装修与转化率的关系

※ 网店装修中需要注意的问题

1.1　什么是店铺装修

用户通过网络电商注册会员并开通卖家服务后网络销售工作就开始了，用户可以开始在网络上将商品上架，通过商品照片、活动海报等内容让顾客了解到店铺的销售信息。

网店装修实际上就是通过图形图像软件，例如：PS、AI、CRD等或位图或矢量图软件，对商品进行润色、修饰后，利用美学设计对图片、文字和素材进行排列布局形成组合，给消费者或舒适、或具有冲击力的视觉感受。

网店装修与货源对于网店同样重要，绝对不能够小视或忽视。古话说“人靠衣装、马靠鞍”，正所谓“三分看长相七分靠打扮”，网店的首页就像是人的脸面一样重要。网店的美化优化工作与实体店铺的门面装修和室内装修同样重要，可以使消费者从视觉上感受到店铺的专业性和产品的权威性。好的店铺装修设计能够对店铺的形象起到最大限度的提升，更加有利于网店品牌的建立，提高流量点击和订单数量。好的店铺装修可以最大限度地抓住消费者的视线，从而提高销量。

1.2　网店装修的重要性

消费者进入一个网店，能否购买这个店铺的商品，受到很多因素的影响，如下图1-1所示。观察这些因素，不难发现大部分都是需要依靠网店装修来解决的。

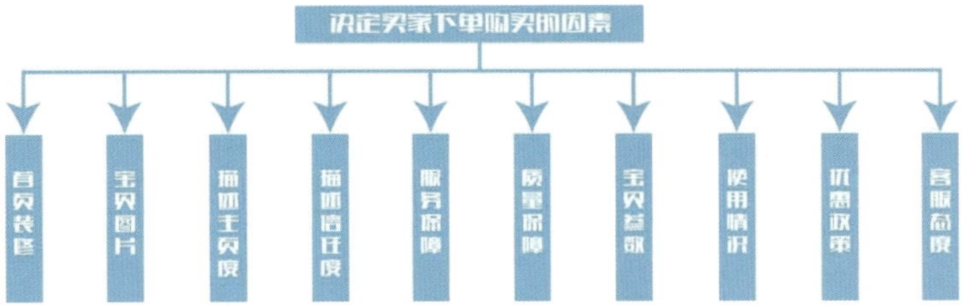

图1-1　决定买家下单购买的因素

首页装修是一个门面，需要用心策划和布局。而产品图片没有经过后期的润色与修饰，也是难以让顾客产生兴趣的。如图1-2和1-3所示，化妆品在没有处理之前显得毫无生气，而经过后期的色调的调整后，所呈现出的效果会增强其品质感。如图1-4、1-5、1-6所示，通过对产品的细节进行分解展示，还可以提升商品的表现力，将产品的各个方面都展示出来。

图1-2　原图

图1-3　修饰后

图1-4　瓶盖

图1-5　瓶身

图1-6　瓶底

如图1-7、1-8所示，将两个销售相同产品的店铺对比：前者将商品包装在集装纸箱中，网店橱窗中展示的图片很难使消费者看清楚店家想要销售的商品内容，也没有对店铺进行美化和装修；后者对商品图片和店铺页面的布局都进行了装修设计，将效果图放置在橱窗中展示，并利用图形、广告画和活动文字等元素对首页进行了装修，其品质感更强，也更容易被接受，无形中为店铺增添了信任度和关注度。

图1-7　无装修页面

追云车品
锦天旗下最具性价比品牌
同类商品 销量No.1
ONLY TO BUY, DO NOT BUY EXPENSIVE
一场说走就走的旅行
一个人的一辈子
至少要有一次奋不顾身的爱情
和一场说走就走的旅行
这样来到这个繁华纷乱的世界走一遭
才算不虚此行
全场包邮2折起
追云3周年店庆
5
10
20
客服中心
2014年追云3年周年店庆正在进行
抓紧时间抢购吧！
促销价 168
年中大促 全场2折
抢购价 258
累计销售3万套
抢购价 298
源自万里长城设计理念
促销价 138
TPR淋膜工艺
抢购价 338
1分钟就装好!
抢购价 188
同款中国风砖块尾箱垫

图1-8　装修页面

网店经营者即网店卖家对于如何开网店都是在不断的摸索中前进的，卖家也越来越意识到网店装修的重要性。所以我们需要对网店进行美化，从而吸引更多的顾客。网店装修是提高网店的成功率的法宝，所以一定要重视这个问题。

1.3　网店装修与转化率的关系

一个网店将开店前期的准备工作做好之后，首先需要进行店铺装修，然后就可以开始推广与宣传了。在宣传和运营的过程中，再逐步完善。不能够一味地只会装修，也不能只会宣传，详情请参考本系列教材《视觉营销》。因此，装修是做好网店的基础，营销则是催化剂，宣传能让店铺生意旺起来。

网店装修看似简单，但是涉及的内容却很复杂。现在开网店的人越来越多，市场对网店的要求也就越来越高，为了让自己的网店经营得更好，很多店主都会绞尽脑汁地去推广自己的网店，从而获得更高的利润。每个网店不管是做什么商品的，都需要经常更新货架，要让消费者有得看，有惊喜，而想要新品上架后得到更多的关注，商品图片的修饰、主图和海报图的设计、产品详情页面的制作、新品上架的广告等都需要依靠网店装修来完成。因此，店铺装修的好坏直接决定着浏览量的高低。

在网店营销中有这样一个公式为我们展示了什么样的因素会直接影响到网店内容对访问者的吸引程度，在这四个因素中，视觉吸引力是一个较为重要的因素，因为网店中的所有信息都是依靠图片来进行传达的，而提升图片的表现力是网店装修工作的重心。

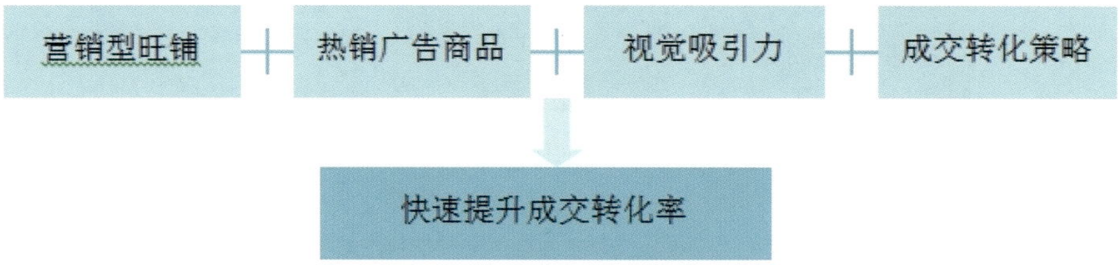

图1-9　快速提升成交转化率

网店销售额的高低与转化率相关，而影响转化率的因素包括了商品的图片、顾客的评价、店家的促销活动等，在这些因素中无疑都会提到网店的装修，可见网店装修与网店的营销推广是分割不开的。

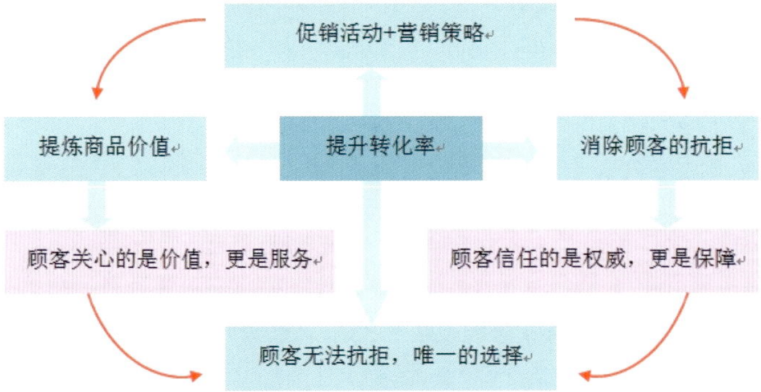

图1-10　提升转化率

1.4　如何确定网店装修的风格

随着电商的发展，店家都逐渐意识到了网店装修的重要性。网店装修虽然有很多好的模板可以使用，但是这些模板都是有明显的风格的，在选择模板的时候如果自己的产品风格和店铺装修风格的定位不一样，那么再好看的模板都不是一个好的装修模板。那么，如何确定网店装修的风格呢？

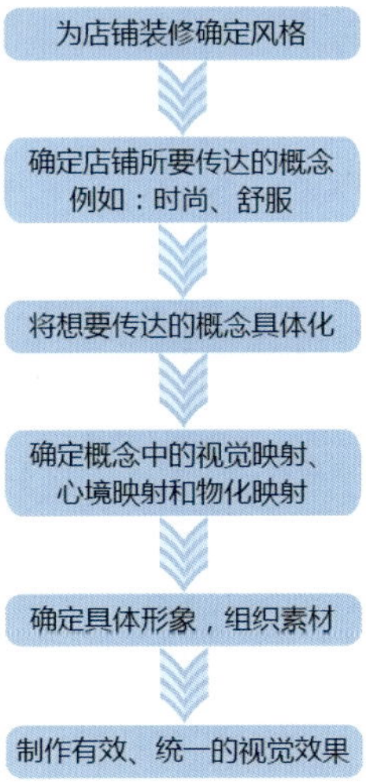

图1-11　风格设定

图1-12　效果

网店的装修从一定程度上可以影响店铺的运营。定位准确而且美观大方的店铺装修可以提升网店的品味，从而吸引目标人群，增加潜在消费者的浏览几率及停留时间，最终提升店铺的销售能力。

网店的装修风格一般体现在店铺的整体色彩、色调以及图片的拍摄风格上，电商平台上有多种店铺风格可供选择，店家可以选择这些固定的模板进行装修，也可以根据店内商品的特点和风格进行自主设计，使店铺独具特色，也更符合销售定位。

想要抓住店铺的灵魂，不能只靠老板或美工的个人品位，还需要一个系统的方法。

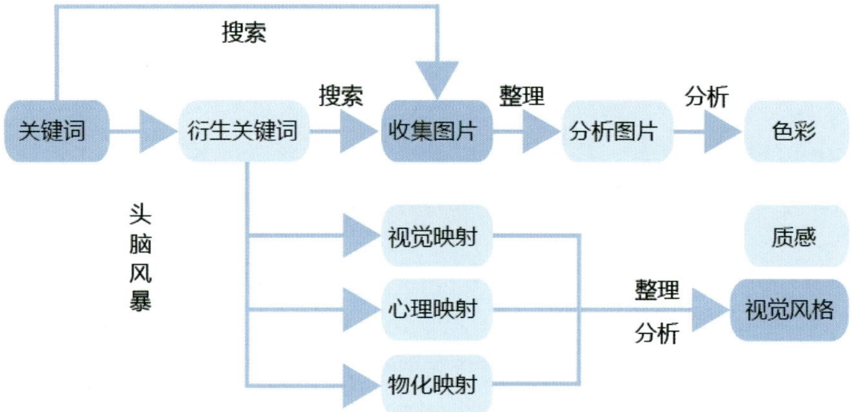

图1-13　思维导视

要确定网店风格首先需要做的就是通过综合用户研究结果、品牌营销、内部讨论等方式，明确体验关键词，例如：清爽、专业、有趣、活力等。接下来邀请用户、美工或决策层参与素材的收集工作，使用图像展示风格、情感、行动，并定义关键字。然后了解选择图片的原因，挖掘更多背后的故事和细节。最后将素材图按照关键词分类，提取色彩、配色方案、机理材质等特征，作为最后的视觉风格的产出物。

通过将同行店铺与自身店铺进行对比，总结出更适合自己的销售方案和装修风格。在装修的过程中首先要准确定位，在设计上突出店铺的风格和主打品牌，并且适时地了解借鉴别人的经验，才会有一个好的开端。

如下图1-14、1-15、1-16所示依次为手绘自然风格、暗黑酷炫风格和实木原生态风格的店铺装修效果。三个店铺分别选择适合自己店铺风格的修饰元素，并且使用了不同的配色，呈现出来的视觉效果各有不同，也因此让顾客更加容易区分，形成特定的记忆，有助于自身店铺形象的树立。

图1-14　手绘自然风格

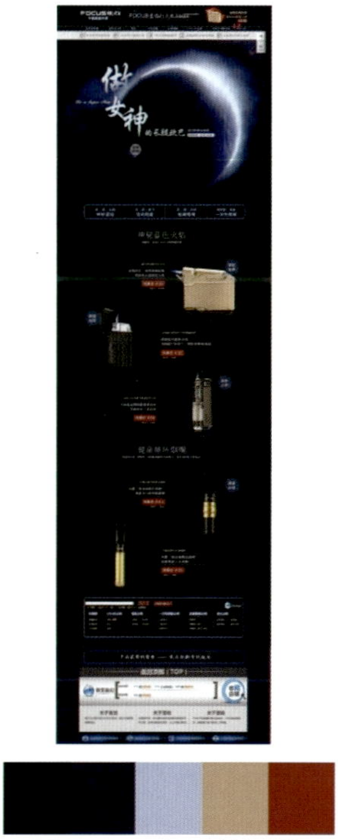

图1-15　暗黑酷炫风格

图1-16　实木原生态风格

1.5　网店装修中需要注意的问题

很多网店卖家都希望通过好的装修提升消费者的视觉效果，进而促使消费者购买产品，赢得利润。但有些装修理念指引下的装修效果往往不适合实际需要，例如复杂的装修不利于消费者进入店铺进行消费，反而影响了其店铺销量。那么在装修网店时，需要注意哪些问题呢?

装修图片的显示

将装修需要使用的图片用正规的网络存储空间来管理，并且在计算机上进行即时备份，以免图片丢失。

适量使用闪图

闪图非常耗电脑内存，当买家在电脑配置不是很高的情况下进入店铺时，电脑运行会变慢，让买家感觉等待的时间过长，从而留下不好的印象。

动画固然可以吸引人的视线，但是使用过多的动画会占用大量的宽带空间，网页下载速度更慢，而且使用太多的动画，浏览者看起来会很累，也突出不了重点。

添加音乐要有讲究

建议添加一些比较柔和悦耳的音乐，让人感觉舒服的音乐会让买家在店内停留的时间变长。有些卖家在装修网店的时候认为在网页里面加上背景音乐会更吸引买家，但实际效果往往截然相反。可能卖家认为边看宝贝边听音乐是一件很美的事，但是买家就不一定是这么想的了。比如买家安静地浏览网页的时候突然音响放出大声的音乐，请问此时他会怎么做？再比如有的买家听着自己爱听的音乐浏览宝贝，打开某个网店就出现了大量的杂音，他又会怎么做?当然是找到有音乐的网页，尽快关闭。另外，音乐文件都比较大，会降低网速，买家半天打不开网页自然就关了。还有就是有些背景音乐是重复播放的，这一点相信很多人都会感到厌烦的。

建议：为了让买家选购的时候心情更舒畅，打开网页更快，建议不要加载音乐。如果实在想加，也要注意优化音乐大小，设置控制开关。

控制装修图片的色彩

店铺的颜色要统一，要有一个固定的配色方案，对颜色进行规范，减少视觉垃圾，最主要的是要让内容有条理性。

店铺风格的选择

通常情况下最好选用“默认风格”。如果宝贝照片的背景不是白色的，则可以选择店家想要的风格。把握了整体的风格后，还要考虑其稳定性和可更改性。

SECOND

02

第2章 常用的网店装修技能

※ 图像的分布和排列

※ 照片中瑕疵的修复

※ 利用图层样式增强特效感

※ 闪图的制作方法

2.1 图片大小与格式的更改

我们对收集的商品照片进行筛选后，如果将照片直接运用到网店中，那么首先会遇到的问题就是对图片的大小进行更改。为了提高网页浏览的速度，电商平台对网店中各个区域的图片大小都有相应的规定，只有符合规定的图片才能正常显示和使用。

在Photoshop中可以通过两种方式对图片的大小进行更改，一种就是通过执行“图像＞图像大小”命令，利用“图像大小”对话框中的“宽度”“高度”和“分辨率”选项来对图片的大小进行重新设置，具体操作方法如下图2-1所示。

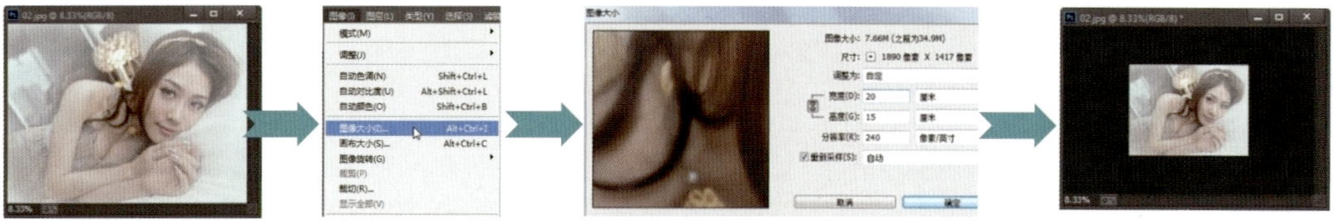

图2-1　图片大小更改

另外一种更改图片大小的方式就是用“裁剪工具”截取图片中的局部图像，将多余的图像删除，以缩小图片的显示，改变原本图片的大小，具体操作方法如图2-2所示。

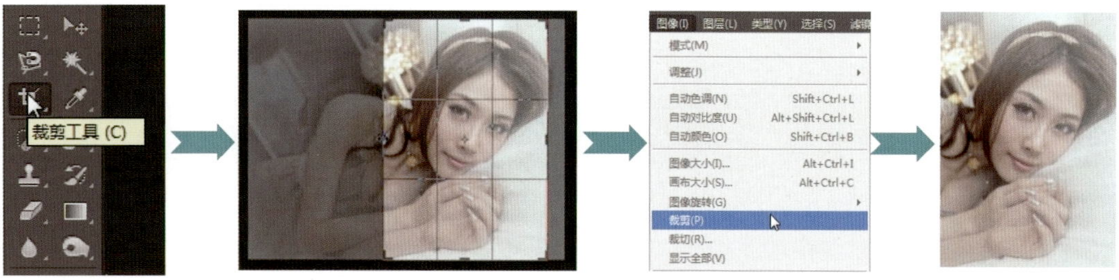

图2-2　图片裁剪

电商平台对网店的装修图片格式有严格的规定，如果制作后的图片不符合规定的图片格式，是不能在网店中使用的，此时需要在Photoshop中对图片的格式进行更改。更改图片的格式可以使用“存储为”菜单命令来完成，操作十分简单，只需在“存储为”对话框的保存类型选项的下拉列表中选择文件的格式，就可以将当前编辑的图片存储为所需要的格式，如图2-3所示。

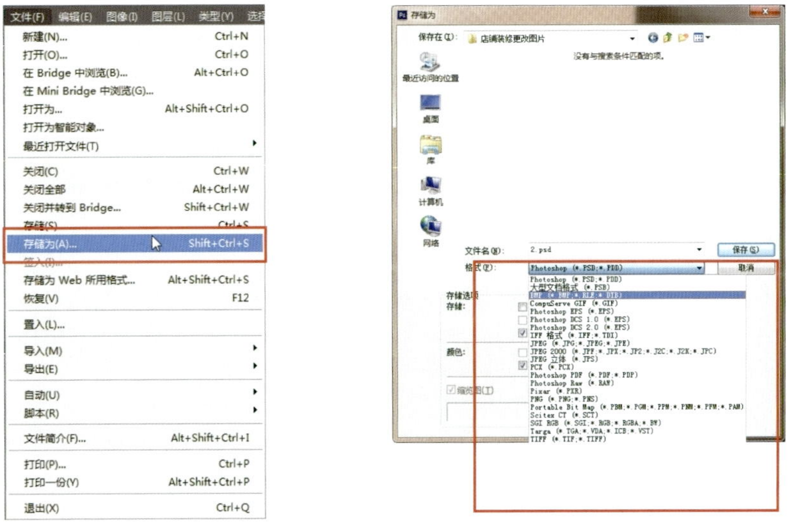

图2-3 图片储存格式修改

2.2 图像的分布和排列

在装修网店的过程中经常会遇到需要将多个对象排列或者分布在同一画面上的情况，此时就需要使用到Photoshop中的分布和排列功能，它能够将选中的若干个对象以某种特定的排列方式进行放置。

在Photoshop中的“图层”面板中选中多个图层之后，在工具选项栏中将显示出如图2-4所示的按钮，通过这些按钮的形状可以大致判定各个按钮的功能，其中对齐包括顶对齐、垂直居中对齐、底对齐、左对齐、水平居中对齐和右对齐，而分布则包括按顶分布、垂直居中分布、按底分布、按左分布、水平居中分布和按右分布。

图2-4 图像分布

如图2-5、2-6、2-7所示分别为右对齐、垂直居中对齐和左对齐的效果，可以看到这三种对齐方式所呈现出来的文字排列效果会对画面的布局产生影响。

图2-5　右对齐

图2-6　垂直居中对齐

图2-7　左对齐

2.3　页面切片及Web安全色

页面切片就是使用HTML表或CSS图层将图像划分为若干较小的图像，这些图像可在Web页面上重新组合。通过划分图像可以指定不同的URL链接以创建页面导航，或使用其自身的优化设置对图像的每个部分进行优化。使用Photoshop中的“存储为 Web 和设备所用格式”命令可以导出和优化切片图像，并将每个切片存储为单独的文件并生成显示切片图像所需的HTML或CSS代码，如图2-8所示为Photoshop中使用“切片工具”将图片划分为若干个切片的效果。

图2-8　页面切片

同一张图片在不同的电脑浏览器中显示的效果可能差别很大，这就需要使用Web安全色来对图片的色彩进行规范。

Photoshop中可以通过执行“存储为Web所用的格式”菜单命令来对编辑后的图片色彩进行优化设置，如图2-9所示为“存储为Web所用格式”对话框，在其中可以对不同格式的文件进行优化处理。

图2-9　切片储存

2.4　照片中瑕疵的修复

修复画笔工具

“修复画笔工具”可用于校正瑕疵，使它们消失在图像中，它可以利用图像或图案中的样本像素来绘画，还可将样本像素的纹理、光照、透明度和阴影与所修复的像素进行匹配，从而使修复后的像素不留痕迹地融入图像中。

选择“修复画笔工具”之后，在没有瑕疵的位置按住Alt键的同时单击取样图像，接着在有瑕疵的位置进行涂抹，涂抹后的区域将根据取样位置的图像对瑕疵进行修复，如图2-10所示，可以看出处理后的皮肤更加干净、平整。

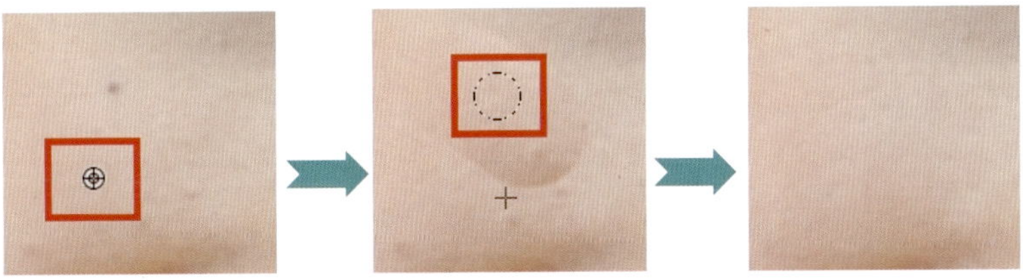

图2-10　修复

仿制图章工具

“仿制图章工具”可以将图像的一部分绘制到同一图像的另一部分，或绘制到具有相同颜色模式的任何打开的文档的另一部分，也可以将一个图层的一部分绘制到另一个图层。

使用“仿制图章工具”之前按住Alt键的同时在需要取样的位置单击，接着在需要修复的区域将取样的图像复制到上面，将这个编辑进行反复操作，即多次取样后多次进行修复，直到图像修复完成，如图2-11所示，可以看到画面中的商品修复得非常完美。

图2-11　仿制修复

修补工具

通过使用“修补工具”可以用其它区域或图案中的像素来修复选中的区域。

选择工具箱中的“修补工具”，沿着人物的眼袋进行绘制，将绘制的开端与末端相连，使其形成一个封闭的选区，接着单击并拖曳选区中的图像到其它平整的皮肤位置，此时Photoshop会根据拖曳后的图像信息来对眼袋位置的图像进行自动修复，得到如图2-12所示的编辑效果，可以看出人物的眼袋消失了。

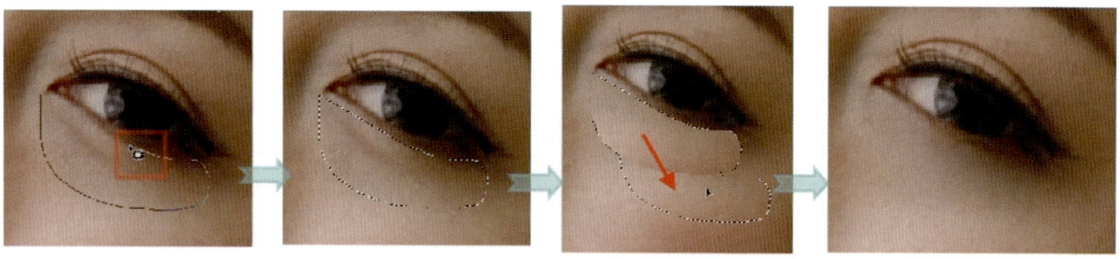

图2-12　修补修复

2.5　增强照片的层次

色阶

“色阶”可以通过改变照片中像素的分布来调整画面的曝光和层次，通过“调整”面板即可创建色阶调整图层。图2-13所示为礼服处理前后的对比效果，在色阶的“属性”面板中调整各个选项的参数，即可更改画面影调和层次。

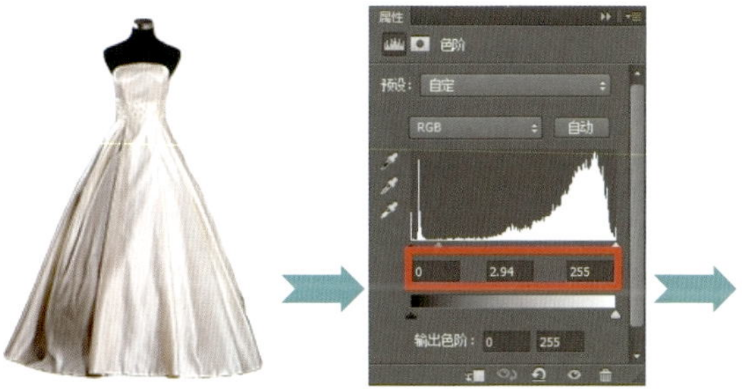

图2-13　色阶提升亮度

曲线

在调整商品照片明暗的过程中，“曲线”也是一个较为常用的调整命令。“曲线”可以控制曲线中任意一点位置的影调，它可以在较小的范围内调整图像的明暗，比如高光、1/4色调、中间调、3/4色调或者暗部，可以通过应用不同的曲线形态来控制画面的明暗对比效果。

如图2-14所示，花卉原本的影调偏暗，使用“曲线”中的设置对画面中的暗调进行提亮之后，花卉的暗部变亮，呈现出阳光、自然的视觉效果。

图2-14　曲线提升亮度

亮度/对比度

“亮度/对比度”命令可以对照片的明亮度和对比度进行调整，它会对照片中的所有像素进行相同程度的调整，从而容易导致图像细节的损失，因此在使用该命令的过程中要防止参数过大而过度调整图像，但是“亮度/对比度”调整的效果会更加直观，在改变商品照片影调的编辑中也是经常会用到的一个命令。如图2-15所示，左图为礼服细节图处理前的效果，可以看到丝缎显得灰暗无光，没有视觉感染力，而通过“亮度/对比度”调整之后的右图，画面质感更强，并且画面更干净。

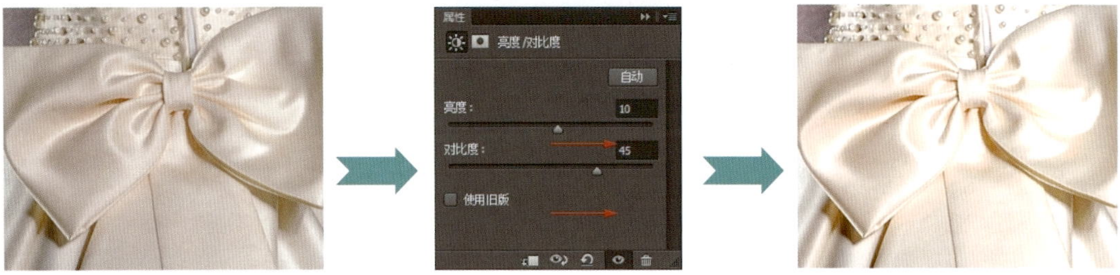

图2-15　亮度 / 对比度提升亮度

2.6　照片色彩的调整

色彩平衡

在Photoshop中最常用于调整画面色彩的应属“色彩平衡”命令，它能够单独对照片的高光、中间调或阴影部分进行颜色更改，通过添加过渡色调的相反色来平衡画面的色彩。“色彩平衡”调整图层的创建也可以用“调整”面板来实现。

如图2-16所示，左图可以看到画面抠取的女鞋由于拍摄中环境光线的影响而显示出偏黄的效果，通过“色彩平衡”调整图层的编辑后，右图画面中的女鞋更趋近于人眼所看到的色彩，显得更加真实。

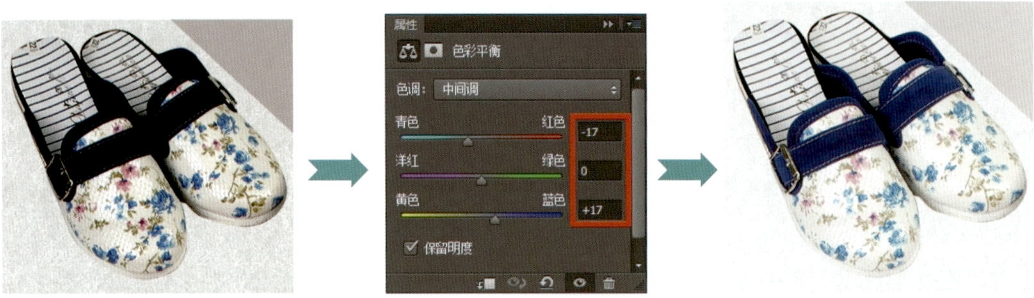

图2-16　色彩平衡

色相/饱和度

“色相/饱和度”命令可以有针对性地对特定颜色的色相、饱和度和明度进行调整，在突显照片主体或者拍摄时尚大片的后期处理中显得非常重要。由于“色相/饱和度”是基于色彩的三要素对不同色系的颜色进行调整的，因此所获得的调色效果会更加丰富。

如图2-17所示，女鞋处理前后的颜色完全不同，照片中原本显示为蓝色的图像变成了绿色，但其它颜色未受到任何影响。

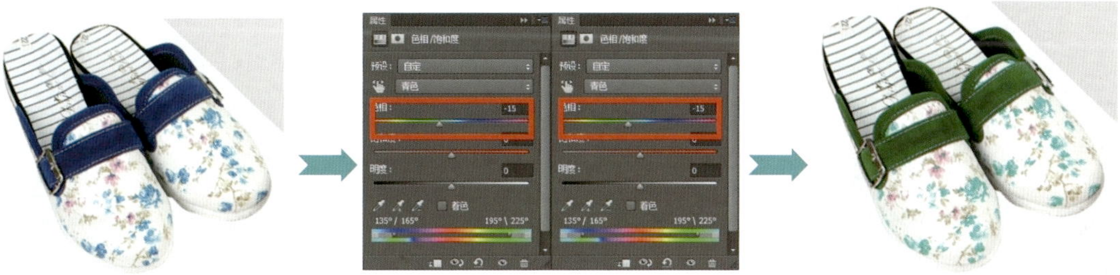

图2-17　色相变化

黑白

“黑白”命令可以将彩色图像转换为灰度图像，在编辑的过程中，能够对照片中各种颜色的转换程度进行完全控制，即对各种颜色的明暗进行调整。还可利用“色调”为灰度的图像进行着色，打造出双色调的画面效果，在编辑网店网页背景、欢迎模块的时候经常会用到。

图2-18所示为将照片调整为双色调的前后对比效果，通过对“黑白”调整图层的“属性”面板的设置，在其中指定双色调的色彩以及每种色相的明暗程度，能够轻松将彩色或者黑白的图像转换为双色调的画面效果。

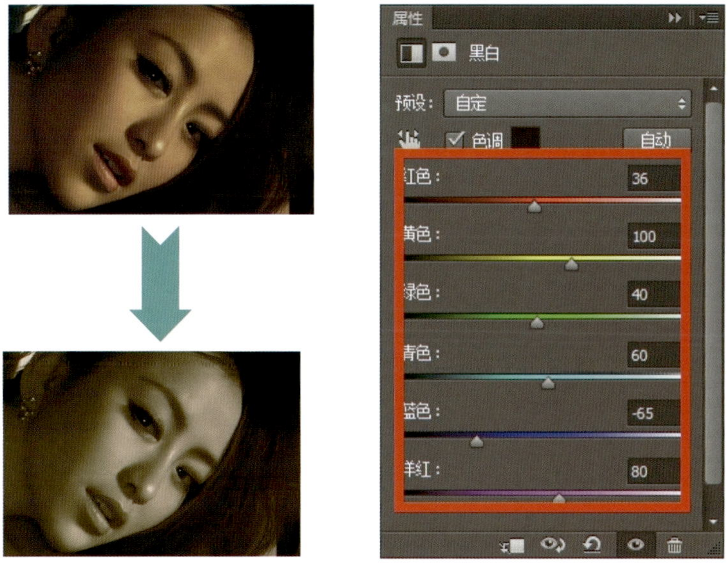

图2-18　黑白效果

2.7　绘制图形修饰页面

在Photoshop中可以使用多种形状工具进行绘图操作，右键单击工具箱中的“矩形工具”，在弹出的工具菜单中可以看到六种不同的工具，如图2-19所示，使用这些工具可绘制出不同的形状，通过对绘制的形状进行组合，能够创造出多种多样、造型丰富的形状来对网店进行修饰。

以“矩形工具”为例，选择“矩形工具”后，在其选项栏中进行设置，接着按住Shift键的同时单击并拖曳鼠标，绘制一个正方形，放在适当的位置，如图2-19所示，由于在选项栏中设置的绘制模式为“形状”，因此在“图层”面板中得到一个相应的形状图层，如图2-20所示。

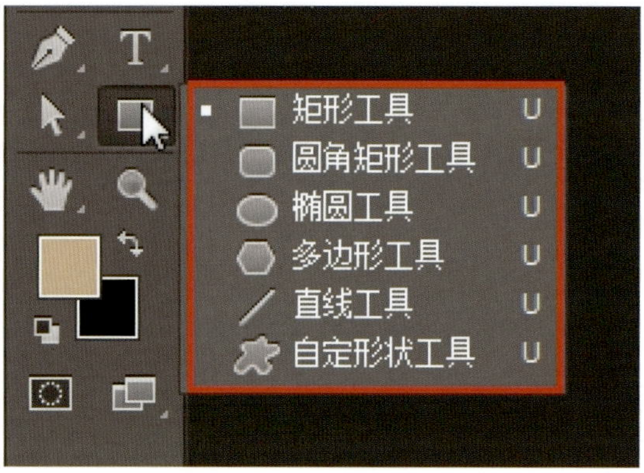

图2-19　矩形工具

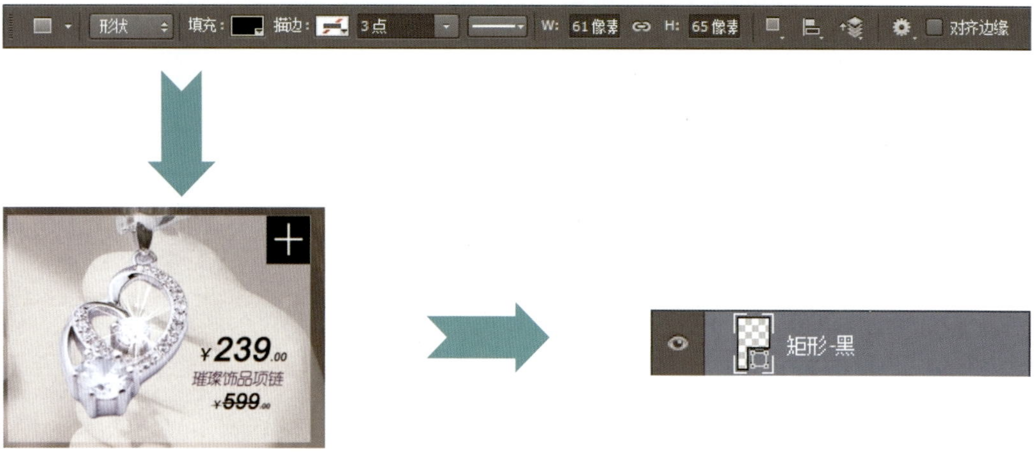

图2-20　修饰图形

2.8　利用图层样式增强特效感

通过“图层样式”对话框来创建或者设置样式，添加的图层样式会出现在图层的下方，如图2-21所示，通过双击样式名称，可以再次打开“图层样式”对话框，以便查看或编辑样式的设置。

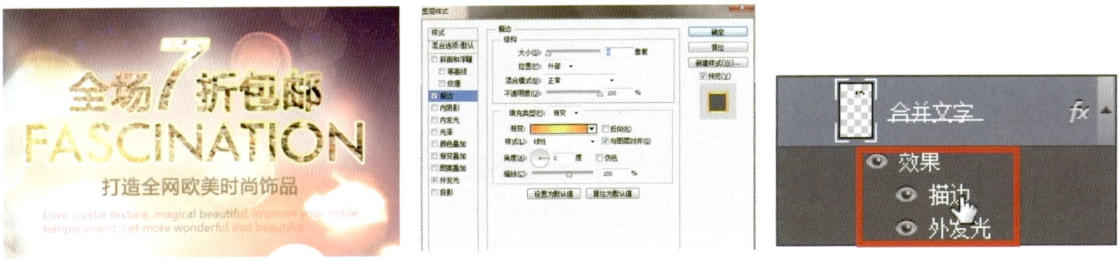

图2-21　添加图层样式

可以为同一图层应用一个或者多个图层样式，“图层样式”对话框中各个样式的具体应用效果如下。

（1）斜面和浮雕：对图层添加高光与阴影的各种组合。

（2）描边：用颜色、渐变或图案在图层上描画对象的轮廓。它对于硬边形状或者文字特别有用。

（3）内阴影：紧靠在图层内容的边缘内添加阴影，使图层具有凹陷外观。

（4）外发光、内发光：添加从图层内容的外边缘或内边缘发光的效果。

（5）光泽：应用创建光滑光泽的内部阴影。

（6）颜色、渐变和图案叠加：使用颜色、渐变或图案填充图层内容。

（7）投影：在图层内容的后面添加阴影。

隐藏或显示图像中的所有图层样式，可以通过单击“效果”前面的眼睛图标来进行控制，具体如图2-22所示。

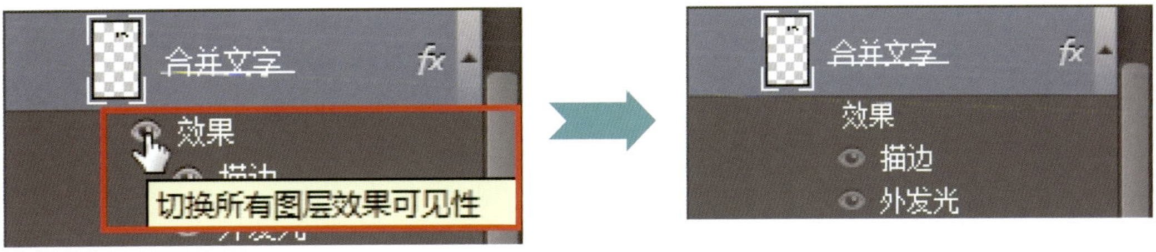

图2-22　隐藏或显示图层样式效果

拷贝和粘贴样式是对多个图层应用相同效果的便捷方法。从“图层”面板中，选择包含要拷贝的样式的图层，右键单击该图层，在展开的菜单中选择“拷贝图层样式”命令，如图2-23所示，接着从“图层”面板中选择目标图层，然后右键单击该图层，在弹出的菜单中选择“粘贴图层样式”命令，如图2-24所示，粘贴的图层样式将替换目标图层上的现有图层样式，如图2-25所示。

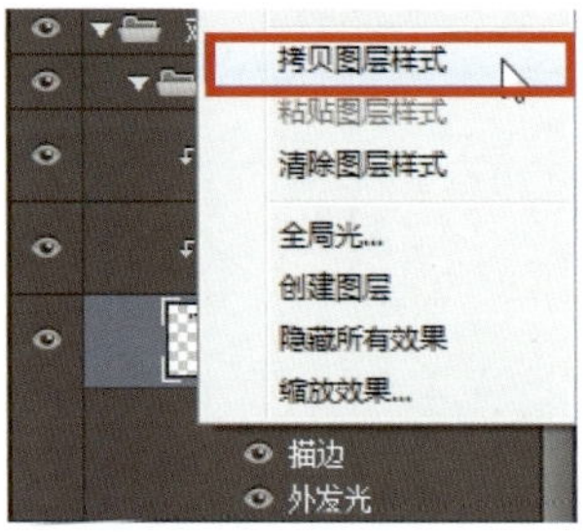

图2-23 拷贝图层样式

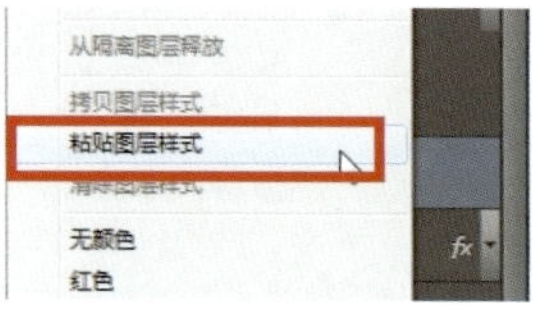

图2-24 粘贴图层样式

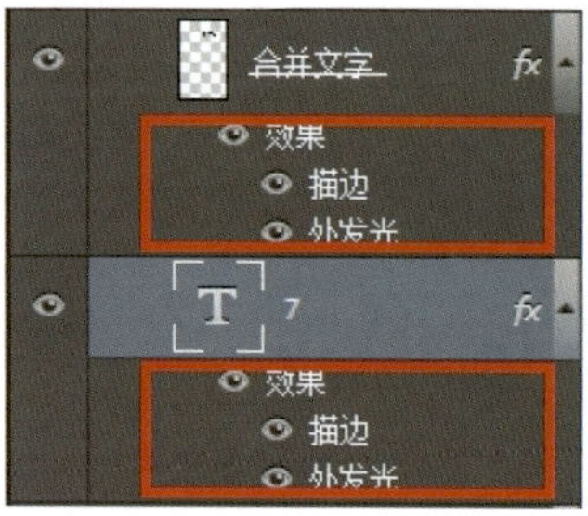

图2-25 替换目标图层

2.9 图层混合模式制造特殊效果

各种类型的混合模式如图2-26所示：

（1）组合型混合模式包含“正常”和“溶解”，图层默认情况下图层的混合模式都为“正常”。

（2）加深型混合模式包含“变暗”“正片叠底”“颜色加深”“线性加深”和“深色”，它们可以将当前图像与底层图像进行加深混合，将底层图像变暗。

（3）减淡型混合模式包含“变亮”“滤色”“颜色减淡”“线性减淡（添加）”和“浅色”，它们可以使当前图像中的黑色消失，任何比黑色亮的区域都可以加亮底层图像。

（4）对比型混合模式包含“叠加”“柔光”“强光”“亮光”“线性光”“点光”和“实色混合”，它们可以让图层混合后的图像产生更强烈的对比性效果，使图像暗部变得更暗、亮部变得更亮。

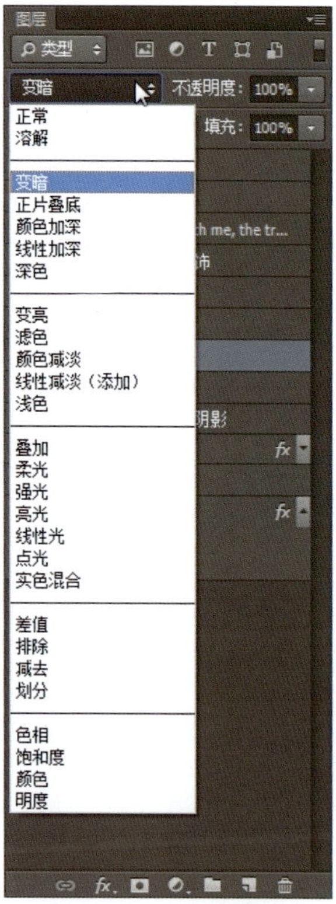

图2-26 混合模式

（5）比较型混合模式包含“差值”“排除”“减去”和“划分”，它们可以通过比较当前图像与底层图像，将相同的区域显示为黑色，不同的区域显示为灰度或彩色。

（6）色彩型混合模式包含“色相”“饱和度”“颜色”和“明度”，它们通过将色彩三要素中的一种或两种应用到图像中，从而混合图层色彩。

如图2-27所示为添加服装素材后的画面效果，当分别对各个服装素材图层的混合模式进行设置之后，如图2-28所示，在图像窗口中可以看到服装素材背景中的白色部分消失，画面形成完美的融合效果，图层混合模式的应用将图层中白色的图像区域自然地与下方图像中的色彩融合在了一起。

图2-27　添加服装素材效果

图2-28　图层混合效果

2.10　利用选区控制编辑范围

创建规则选区

规则选区的创建可以通过选框工具组来完成，使用规则选框工具创建选区的效果如图2-29所示。

图2-29　创建规则选区

图2-34所示为使用“调整蒙版”对话框对蒙版进行编辑的前后效果，可以看到图像的边缘抠取的效果更加理想。按住Alt键单击“图层蒙版缩览图”之后，可以查看图层蒙版的黑白图像效果。

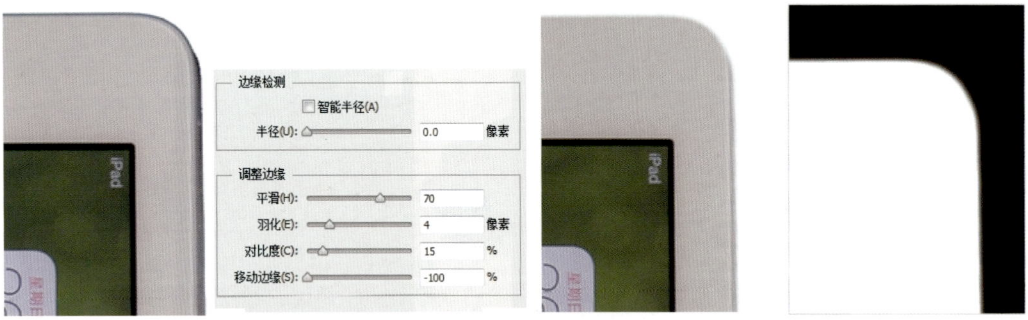

图2-34　黑白图像

2.12　闪图的制作方法

打开一张收藏区图片，使用色彩平衡对其色彩进行两次调整，接着打开“时间轴”面板，在其中单击“复制所选帧”按钮，让“时间轴”面板中有三个关键帧，接着按照如图所示的“图层”面板对每个帧中的显示效果进行调整，分别得到所示的效果，并在“时间轴”面板中设置每个帧的显示时间，如图2-35所示。

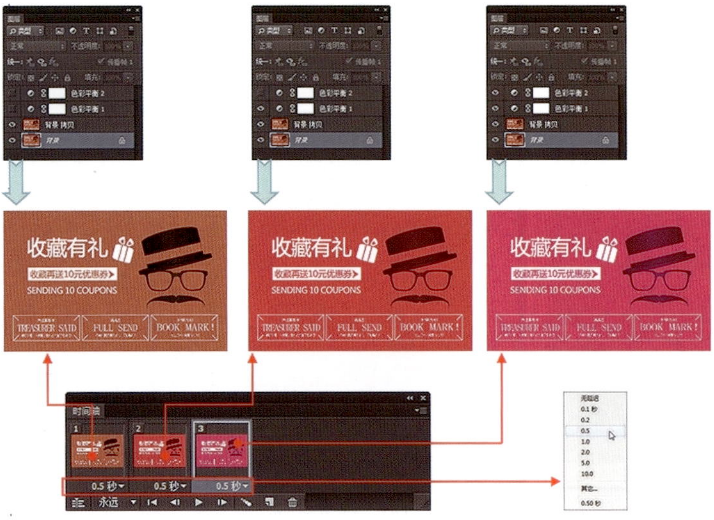

图2-35　闪图制作

完成帧动画的编辑后，单击“时间轴”面板中的“播放动画”按钮，可以对编辑的动画进行播放，即完成闪图的制作，然后对编辑的文件执行“文件＞存储为Web所用格式”菜单命令，在打开的对话框中进行设置，选择GIF格式对文件进行存储，即可完成闪图的制作，如图2-36所示。

图2-36　闪图制作完成

THIRD

03

第3章 网店首页各元素设计

※ 欢迎模块与轮播图

※ 商品陈列区

※ 客服区与店铺收藏区

店铺首页对于整个网店而言是一个非常重要的页面。首页就相当于实体店铺的门面，门面的装修直接影响到商品的价值呈现。在装修首页之前，我们需要对首页各个元素有所了解。

3.1　欢迎模块与轮播图

整个首页最醒目的地方就是店铺的欢迎模块或轮播图，这个模块占据的面积较大，可以放入大量信息，也是整个网店首页中最醒目的部分。接下来我们就对欢迎模块和轮播图的设计进行讲解。

3.1.1　欢迎模块与轮播图设计规范

欢迎模块位于导航条的下方，主要用于告知消费者店铺的广告商品或促销活动。不同的电商平台对欢迎模块的设计尺寸要求也不同，例如：淘宝的欢迎模块高度不可超过600像素，宽度不低于750像素；京东的欢迎模块宽度不低于980像素，如果要制作全屏通栏的欢迎模块，那么宽度将达到1920像素。

网店欢迎模块的内容可分为新品上架、店铺动态、活动预告等，不同的内容欢迎模块的设计重点也是不同的。如下图3-1和3-2所示分别为以热卖单品和新品上架为主要内容的欢迎模块。

图3-1　热卖单品

图3-2　新品上架

为了更有效地利用欢迎模块占用的这一块网页面积，轮播图出现了。它可以按照规定的时间间隔轮流展示多张欢迎模块图片，并且在轮播图的下方，有指示轮播图中图片数量的圆点、数字等标记，如下图3-3和3-4所示。值得注意的是，轮播图中欢迎模块的图片尺寸应当在高度上保持一致，才能确保图片完整地显示出来。

图3-3　圆点标记

图3-4　折线标记

设计欢迎模块要明确目的，内容要精炼，不可过多，一般以图像为主，文案为辅。充分的视觉冲击力可以通过图像和色彩来实现。文案设计要思路清晰，要知道中心主题是什么，衬托文字又是哪些，通过调整文字的疏密、大小、笔画粗细等因素来形成视觉上的平衡。

3.1.2　三大元素构建完美设计图

通过仔细观察和分析多个欢迎模块，我们可以总结出这样一个规律：网店中的欢迎模块基本上是由三个元素组成的：完整、精致的商品形象，唯美、绚丽的背景和精心编排的广告文字，如下图3-5到3-8所示。

图3-5　欢迎模块图

图3-6　背景

图3-7　商品

图3-8　广告文字

欢迎模块的背景图像一定要与商品的形象保持一致的风格，或者能烘托某种特定的气氛。如下图3-9和3-10所示分别是以节日为主题和以平台活动为主题的背景，可以清楚地看到两者之间的差别。

图3-9　以圣诞节为主题的背景

图3-10　以“双12”活动为主题的背景

欢迎模块中的商品形象是商品与消费者的“初次相见”，它直接关系到转化率。色彩得当、画质清晰的商品图像能够树立良好的商品形象，因此，欢迎模块中的商品图像一定要经过色调和光影处理，或者根据背景和文字的风格和影调做过适当修饰，能够真实再现商品的色彩和品质。下图3-11和3-12所示为处理前后的欢迎模块中的商品形象，可以看出处理后的商品更能打动人心。

图3-11　处理前

图3-12　处理后

3.1.3　溶图在欢迎模块中的应用

欢迎模块三大设计元素中，背景是决定整个欢迎模块设计成败的关键。很多时候，设计欢迎模块时并不是某个风格明显的节日，因而在选择欢迎模块背景素材时就需要进行更多的思考，在这里为大家提供一个捷径，那就是使用溶图。

溶图是用两张以上的图片拼合起来的一张图片，讲究构图严谨，细节处理得当。制作精良的溶图配上文字可以是一件优美的艺术作品。如下图3-13、3-14、3-15所示的图片就是风格各异的溶图。

图3-13　冷色溶图

图3-14　暖色溶图

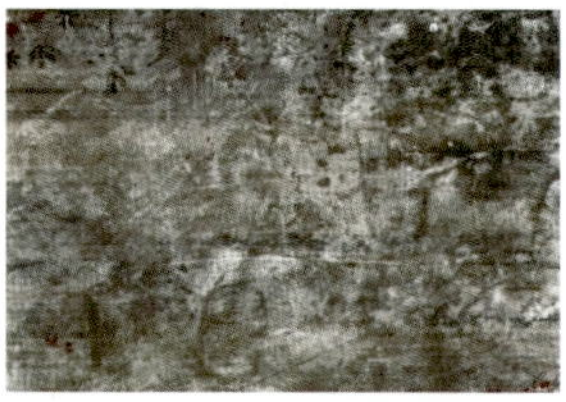

图3-15　暗色溶图

在选择溶图时应当注意，要么溶图的色调与商品相似，要么溶图的影调与商品能够和谐搭配，只有满足其中之一，才能保证欢迎模块具备较理想的视觉冲击力和浑然天成的视觉效果。例如，要使用如下图3-16所示的运动鞋照片制作欢迎模块。我们首先观察运动鞋，发现其内部颜色为紫色，而外观颜色为银色，因此，我们在构思的过程中可以寻找兼具紫色和银色的图片。经过一系列的思路探索和研究分析之后，选择了一张紫色闪电溶图作为背景素材。这张背景素材不仅在色调上与商品和谐统一，而且闪电活力四射的形象也烘托出了该商品销售的火热程度。

图3-16　溶图和产品

图3-17　溶图修饰后的整体效果

3.1.4　欢迎模块设计案例

本案例中的首页欢迎模块就是为七夕情人节所制定的，如图3-18所示，画面中使用两只纸鹤相依的形态表现情侣之间的脉脉情意，通过粗厚的艺术化文字突出活动的口号，并搭配上浪漫的紫红色，由此传递出节日中浓浓的甜蜜之感。

图3-18　七夕情人节首页欢迎模块

1. 设计理念

（1）在色彩搭配上，案例中使用了不同明度和纯度的紫红色，营造出一种甜美的感觉。

（2）主题文字中添加心形的元素，与七夕节的节日氛围相互呼应。

（3）使用纸鹤元素代表七夕节传说中的喜鹊形象，用两只纸鹤相互依偎的形态映射出情侣之间的浓情蜜意，由此准确地表达出活动主题。

（4）使用较小的文字来说明活动的内容和日期，深化活动的主题。

2. 工具使用

（1）制作背景的过程中使用“颜色填充”进行编辑，通过图层蒙版控制颜色的范围。

（2）使用“画笔预设”面板中的“水彩大溅滴”预设笔触完成光斑的绘制。

（3）使用“钢笔工具”绘制出主题文字的外形和云朵形状。

（4）添加“内阴影”样式修饰云朵图形，添加“投影”样式增强文字和纸鹤素材的立体感。

（5）通过“颜色填充”和“图层混合模式”的搭配使用调整整个画面的色彩。

3. 操作步骤

（1）在Photoshop中新建一个文档，执行“图层＞新建填充图层＞纯色”菜单命令，如图3-19所示，打开“拾色器”设置颜色，如图3-20所示，完成设置后单击“确定”按钮，在图像窗口可以看到编辑的效果，如图3-21所示。

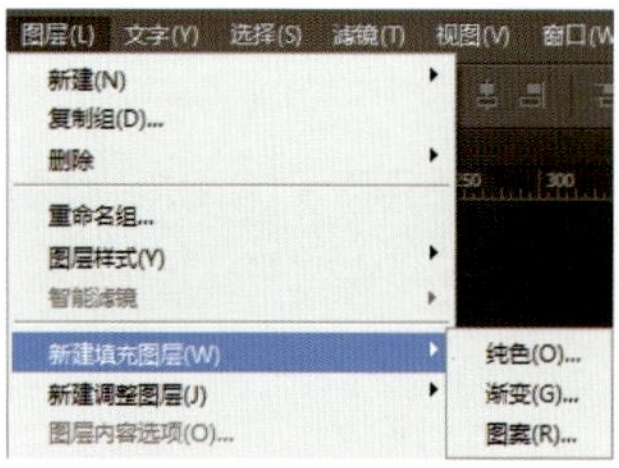

图3-19 菜单命令

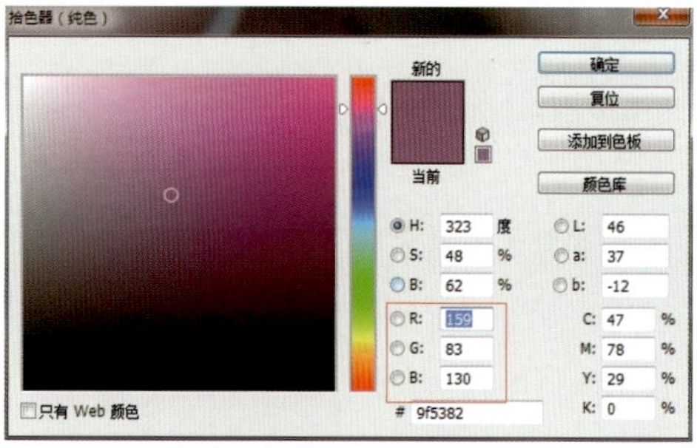

图3-20 设置颜色

图3-21 效果

（2）再次创建一个颜色填充图层，设置填充色为R36、G22、B71，将创建的颜色填充图层的蒙版填充为黑色，使用白色的画笔对蒙版进行编辑，如图3-22所示，制作出自然晕开的效果，如图3-23所示。

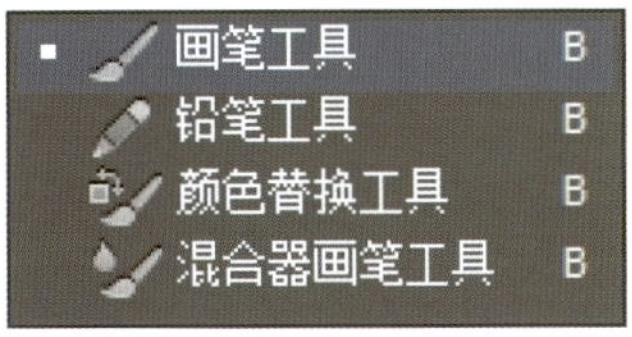

图3-22　画笔工具

图3-23　自然晕开

（3）再次创建颜色填充图层，设置填充色，如图3-24所示，将蒙版填充为黑色，使用白色的画笔对蒙版进行编辑，如图3-25所示。

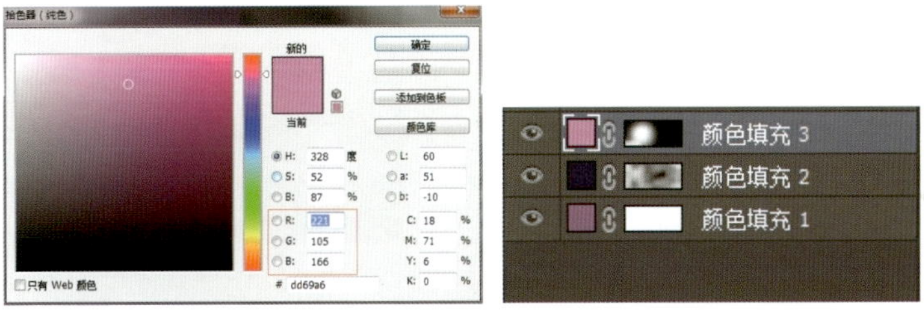

图3-24　颜色填充图层

图3-25　蒙版编辑

（4）打开“画笔预设”面板，选择“水彩大溅滴”预设笔触，如图3-26所示，设置前景色为白色，在“图层”面板中新建图层，得到“图层1”，用“画笔工具”在图像窗口中进行绘制，如图3-27所示，设置“不透明度”为90%，混合模式为“柔光”，如图3-28所示。

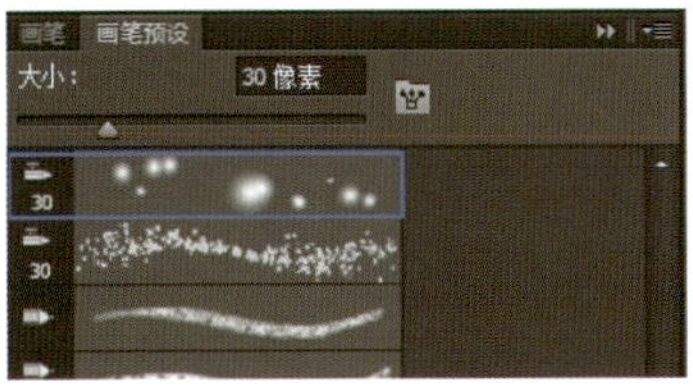

图3-26　选择画笔

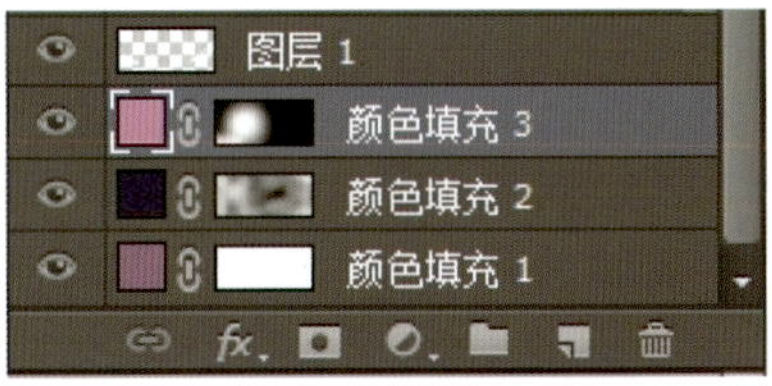

图3-27　绘制图形

图3-28　绘制效果

（5）选择工具箱中的“钢笔工具”，如图3-29所示，在其选项栏中选择“形状”模式，如图3-30所示，在图像窗口中绘制出以白色为填充色的主体文字，如图3-31所示。

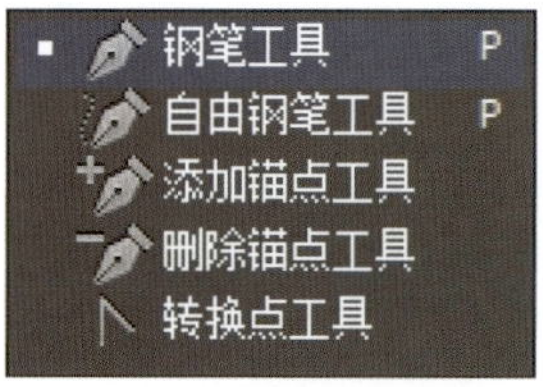

图3-29　钢笔工具

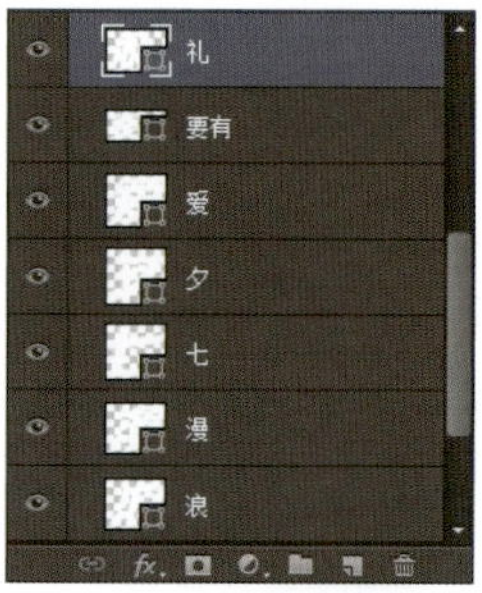

图3-30　图层

图3-31　效果展示

（6）再次选择工具箱中的“钢笔工具”，如图3-32所示，在该工具的选项栏中选择“形状”模式进行操作，绘制出想要的丝带形状，分别为绘制的形状设置适当的颜色，在图像窗口可以看到编辑的效果，如图3-33所示。添加文字，并在适合的文字上添加投影样式，如图3-34所示。

图3-32　钢笔工具

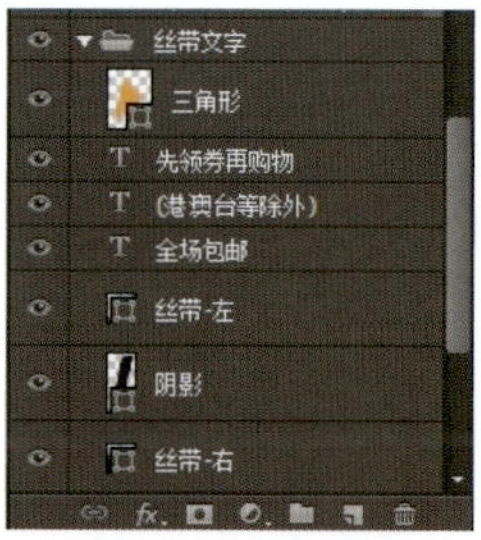

图3-33　图层展示

图3-34　效果展示

（7）添加祥云素材，适当调整大小、位置和角度，如图3-35所示。

图3-35　细节调整

（8）添加纸鹤素材，适当调整大小、位置和角度，在“图层样式”对话框中添加“投影样式”，具体参数设置如图3-36所示，可以表现出立体的效果，如图3-37所示。

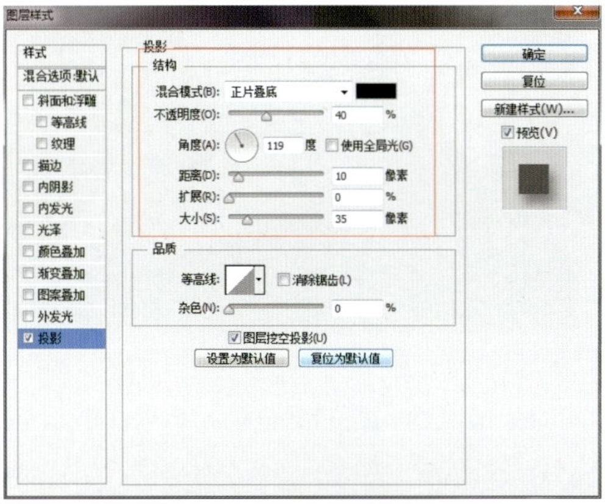

图3-36　投影参数

图3-37　效果展示

（9）按住Ctrl键的同时单击纸鹤图层的缩览图，将较大的纸鹤添加到选区中，为选区创建色彩平衡调整图层，在“属性”面板中设置“阴影”“中间调”和“高光”选项下的色阶值，如图3-38、3-39、3-40所示。更改纸鹤的颜色，在图像窗口可看到编辑的效果，如图3-41所示。

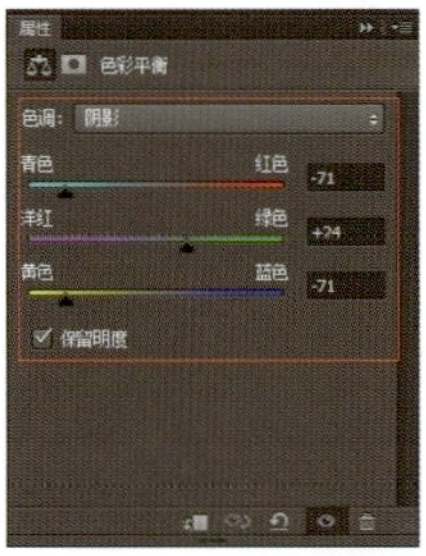

图3-38　阴影调试

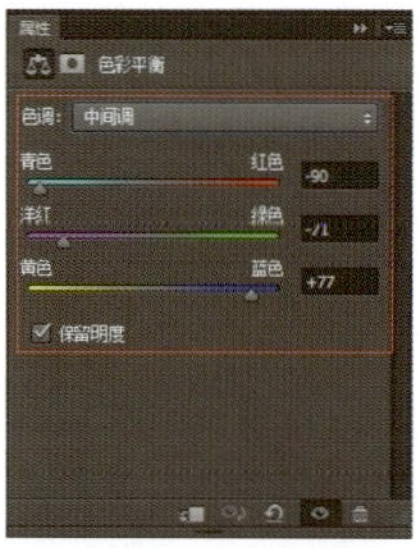

图3-39　中间调调试

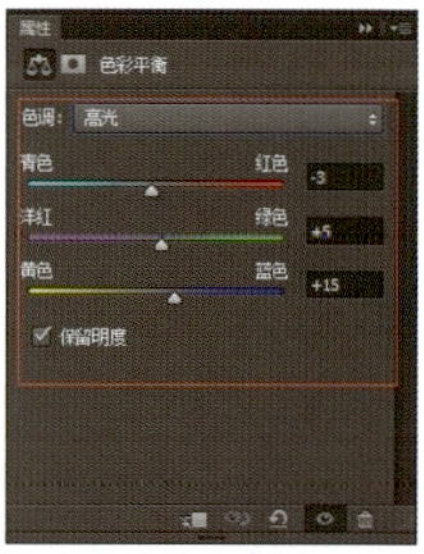

图3-40　高光调试

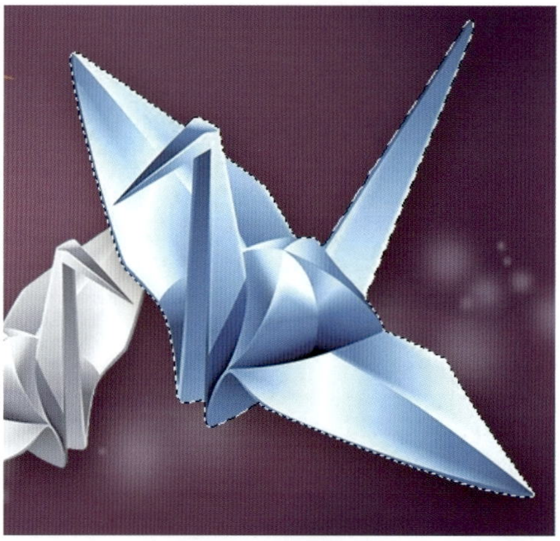
图3-41　效果展示

（10）按住Ctrl键的同时单击纸鹤图层的缩览图，将较小的纸鹤添加到选区中，为创建的选区创建色彩平衡调整图层，在“属性”面板中设置“阴影”“中间调”和“高光”选项下的色阶值，如图3-42、3-43、3-44所示。更改纸鹤的颜色，在图像窗口可看到编辑的效果，如图3-45所示。

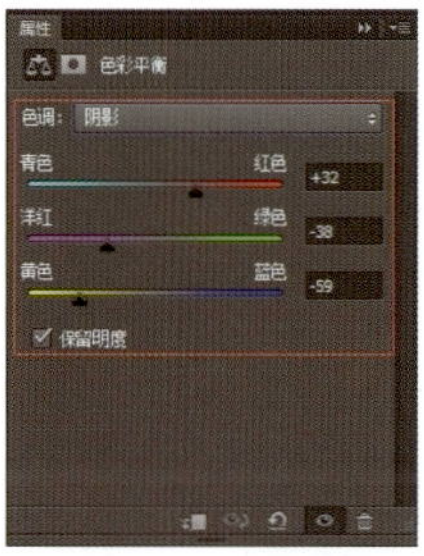

图3-42　阴影调试

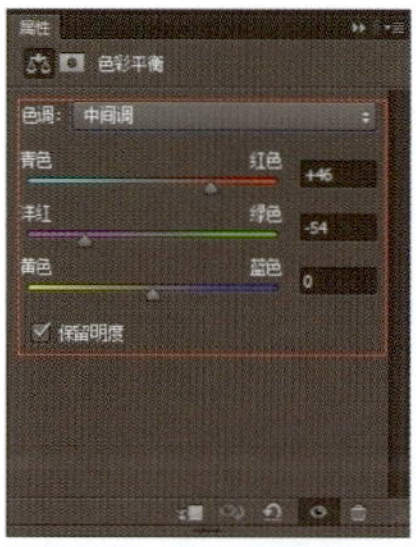

图3-43　中间调调试

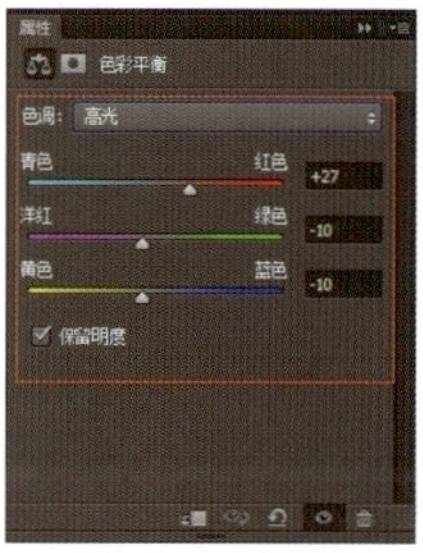

图3-44　高光调试

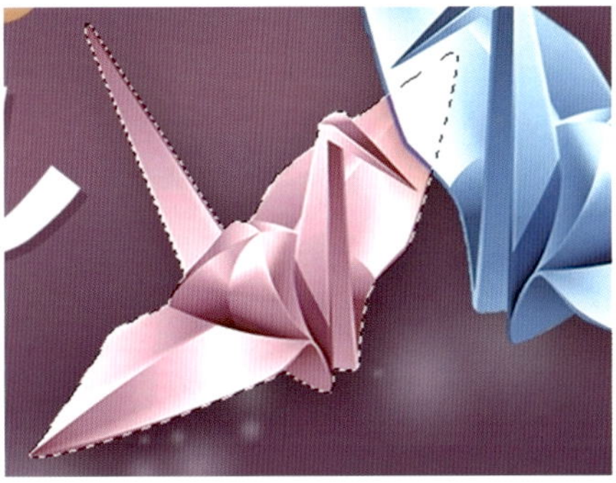

图3-45　效果展示

（11）执行“图层>创建填充图层>纯色”菜单命令，打开“拾色器”设置颜色，完成设置后单击“确定”按钮，接着在“图层”面板中设置该填充图层的混合模式为“线性加深”，由此来更改画面的颜色，如图3-46所示。在图像窗口可以看到编辑的效果，如图3-47所示。

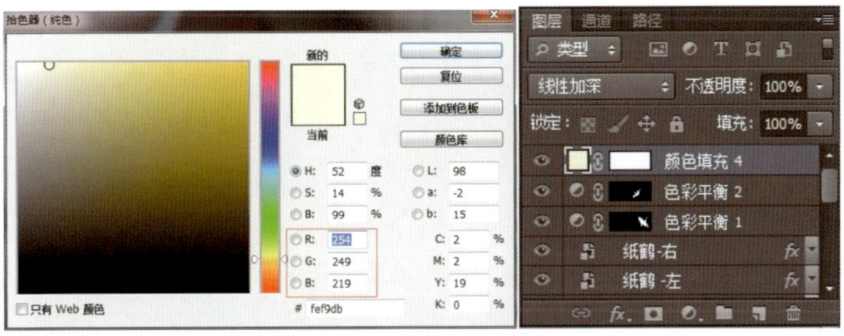

图3-46　颜色添加线性加深

图3-47　效果展示

3.2　商品陈列区

在设计店铺首页的时候，除了店招、导航条和欢迎模块之外，大部分网店都会使用商品陈列区来展示商品，让消费者大致了解店铺中商品的形象、风格和价格。商品陈列区也是一个较为重要且尺寸较大的区域，很多商家为了提高销售额，赚取更多的利润，一味地将高价格的商品或高毛利的商品陈列在黄金线上，这种做法是不合理的，合理的陈列在讲究美观的同时，还要考虑消费者的心理特征。接下来就对商品陈列区的设计进行讲解。

3.2.1 商品陈列区设计规范

商品陈列区的设计宽度与导航条的宽度一致，但不同的电商平台或不同版本的网店对导航条宽度的要求是不一样的，因此，商品陈列区的尺寸与整个首页的中心宽度相同。如图3-48所示，商品陈列区的宽度由导航条的宽度决定，但是高度没有限制。

图3-48 商品陈列区

3.2.2　商品陈列区的布局方式

商品照片的布局是影响商品陈列区整个版式的关键，也是确立整个首页风格的关键。很多设计师为了吸引消费者的眼球，会根据商品的功能、外形特点、设计风格来对商品陈列区布局进行精心规划设计，将店铺中的商品艺术化地展现出来。在详细分析研究众多的网店首页后，我们可以归纳总结出三种较为常见的商品陈列区布局方式：对角线排列、随意排列和棋盘式排列。

1. 对角线排列的页面布局

对角线排列的页面布局适合表达一种自由奔放、动态性的感觉，并且形成自然的Z字形视觉牵引效果，给人一种比较清爽利落的感觉，但无论是怎样的一种自由布局，都要遵循一定的准则，按照指引线对图片和文字进行设计和布置，效果如图3-49所示。

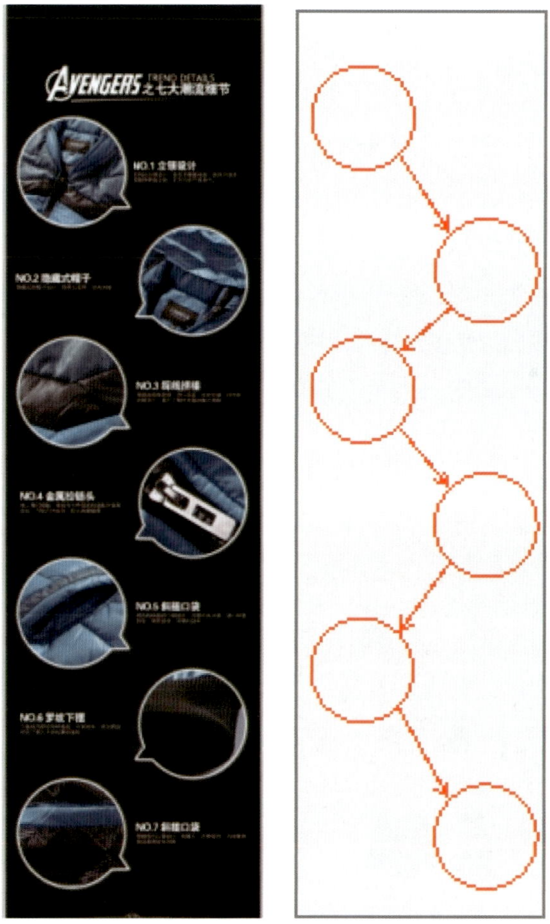

图3-49　对角线排列的页面布局

2. 随意排列的页面布局

随意排列的页面布局就是将商品照片随意地放置在页面中，但是这种随意往往需要营造出一种特定的氛围和感觉，让这些商品之间产生一种联系，否则画面中的要素会由于缺乏联系而显得突兀。随意型布局在女装搭配和组合销售中使用较多，是一种灵活性较强的布局方式，如图3-50所示。

图3-50 随意排列的页面布局

3. 棋盘式的页面布局

棋盘式的页面布局就是将图像按照棋盘表面的方格样式进行布局设计，把众多的图像一次性展示给消费者。这种布局方式较为有效，并且也适用于展示商品细节部分，其优点就是将众多的图像集合为视觉上的一个整体，从而形成一种统一感，将浏览者的视线集中到一处，如图3-51所示。

图3-51 棋盘式的页面布局

3.2.3　商品陈列区设计案例（图3-52）

图3-52　设计案例

1. 模特与女鞋的完美搭配

为了营造视觉上的统一感，尽量挑选着装颜色与女鞋色系相同的模特图像。值得注意的是，除了在色彩上保持统一外，模特的着装还应当与女鞋的穿着季节相符。

2. 与色彩相呼应的背景素材设计

画面中分别使用了蓝色和货品主色作为主打色调进行创作，通过对色彩的联想，用蓝色的浪花和黄色的香蕉作为色相的代表对对象和画面进行点缀，提升整个画面的设计感。

3. 辅助文字信息刺激消费者的购买欲望

为了提升商品的时尚感，在设计图中添加了辅助文字描述女鞋的颜色特点和内涵，同时给出相关的搭配着装建议，增强了店铺的时尚专业程度，同时更能引发消费者的购买欲望。

4. 操作步骤

（1）运行Photoshop，新建一个文档，创建一个颜色填充图层，在打开的“拾色器（纯色）”对话框中设置填充色为R245、G231、B212，完成设置后单击“确定”按钮，如图3-53和3-54所示。在图像窗口中可以看到整个画布被填充上了类似肤色的颜色，使消费者更容易接受，如图3-55所示。

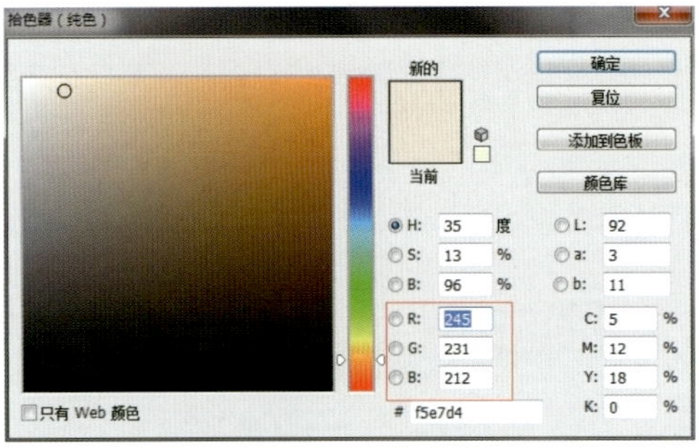

图3-53　颜色添加

图3-54　图层

图3-55　肌肤颜色

（2）将边框素材和模特素材添加到窗口中，适当调整大小，使用“钢笔工具”沿着模特图像的边缘绘制路径，再将路径转换为选区，添加图层蒙版，将模特图像抠取出来，如图3-56、3-57、3-58所示。

图3-56　边框

图3-57　模特素材

图3-58　整体效果

（3）使用“圆角矩形工具”绘制两个圆角矩形，调整其大小并叠加组合在一起，分别用“颜色叠加”“斜面和浮雕”“内阴影”图层样式对绘制的圆角矩形进行修饰，如图3-59所示。

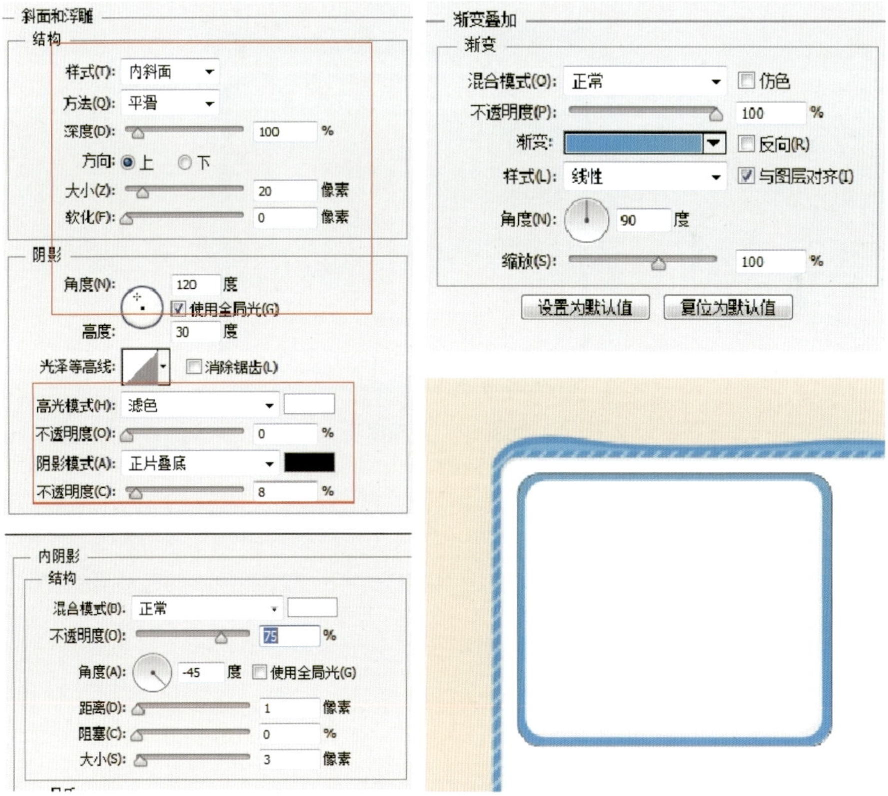

图3-59　圆角矩形绘制及修饰

（4）选择工具箱中的“横排文字工具”，将文案信息添加在圆角矩形中，调整文字的字体、字号、颜色和粗细等属性，最后使用“描边”“颜色叠加”“投影”等图层样式对标题文字进行修饰，如图3-60和3-61所示。

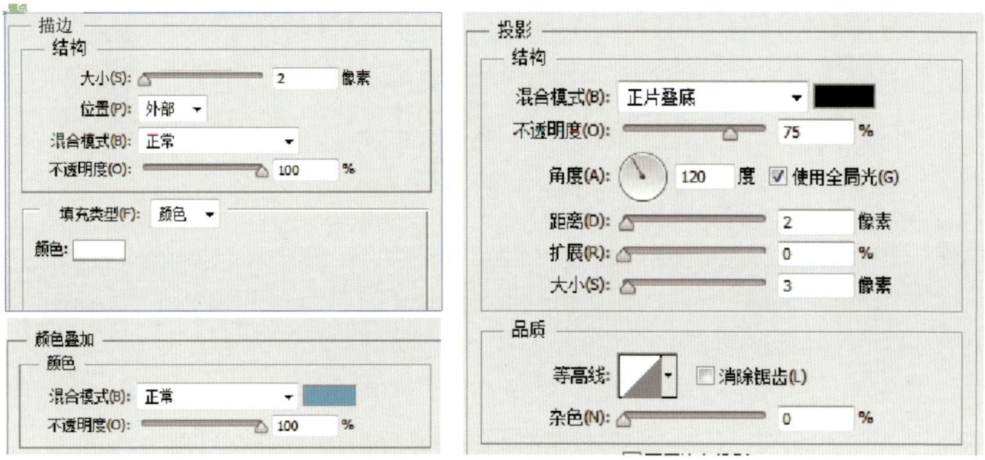

图3-60　对标题文字进行修饰

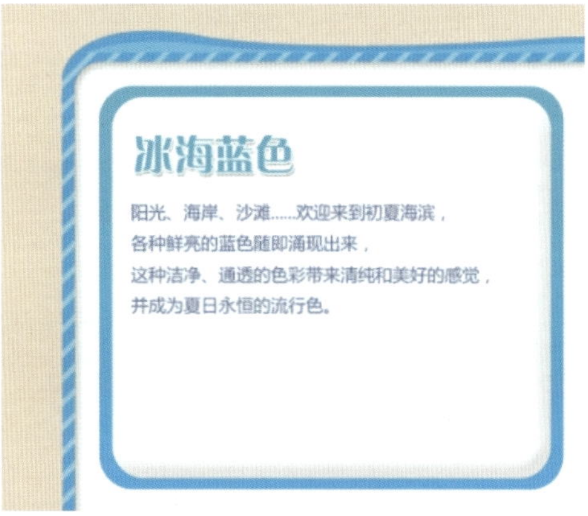

图3-61　效果展示

（5）为了使文案的层次更加分明、清晰，需要为画面添加修饰形状。使用工具箱中的“矩形工具”绘制出大小不一的矩形，分别填充上不同的颜色，无描边色，放在适当的位置，然后添加文字，如图3-62所示。

图3-62　最终效果展示

（6）使用“钢笔工具”绘制出按钮的形状，如图3-63所示，填充上适当的颜色，如图3-64所示，无描边色，接着复制形状，使用“渐变叠加”图层样式对复制之后的形状进行修饰，调整两个形状的位置，制作出如图3-65所示的按钮，然后添加箭头和文案信息，如图3-66所示。

图3-63　绘制出按钮的形状

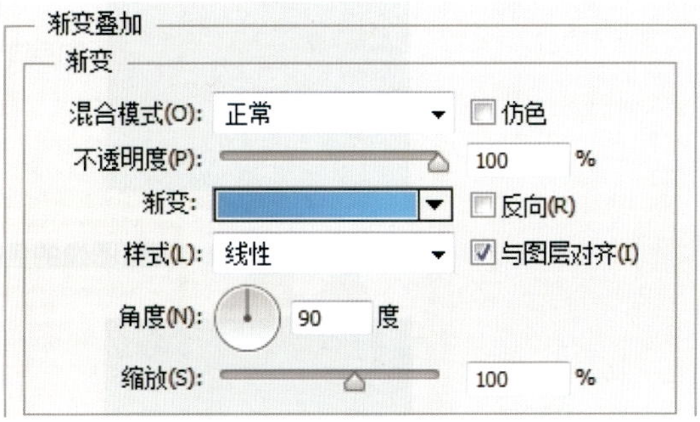

图3-64　填充上适当的颜色

图3-65　渐变叠加

图3-66　添加箭头和文案信息

（7）将鞋子商品素材添加到图像窗口中，调整女鞋素材的大小和位置，使用“钢笔工具”沿着女鞋图像的边缘绘制路径，如图3-67所示，再将绘制的路径转换为选区，以选区为基准添加图层蒙版，将女鞋图像抠取出来，如图3-68所示。

3.3 客服区与店铺收藏区

店铺收藏就是顾客将感兴趣的店铺添加到收藏夹中，以便再次访问时可以轻松地找到相应的店铺。店铺收藏的设计较为灵活，它可以直接设计在网店的店招中，也可以单独显示在首页的某个区域。

客服区和店铺收藏区都包含必要的文字，可通过“字符”面板中的调整设置来改变文字的外观，使其更加独特，并使用形状工具来制作画面中的修饰形状，再通过图层样式进行美化。

设计中可根据店铺的风格或者设计画面的尺寸对店铺收藏区和客服区进行合理布局，再用风格和色彩相一致的修饰元素进行点缀。

3.3.1 客服区与店铺收藏区的设计规范

网店的客服与实体店的售货员具有相同的作用，但是在网店中如何快速地寻找到客服并进行询问，是客服区位置摆放和设计的关键。默认情况下，网店的客服区与商品分类相邻，如3-73左图所示。随着网店装修的不断提升，越来越多的商家将客服区放在了网店首页的中间或者底部位置，如图3-73右图所示。因为当顾客对网店首页浏览到一定程度时，客服区的及时显示会增加顾客询问的概率，从而提高网店的销售量。

图3-73　客服区位置摆放

为了吸引顾客的注意，商家也会将一些宝贝图片和素材图片等添加到客服区与店铺收藏区，达到推销商品和提高收藏量的双重目的。店铺收藏区设计时还可以使用GIF格式的图片，即使用帧动画制作的动态图片，这种闪烁的图片效果更容易引起顾客的注意，提高网店的收藏量。

在对网店的店铺收藏区和客服区进行设计的时候，大多数设计者会将这两个部分结合起来，因为店铺收藏和客服都会对网店的日后成交量产生较大的影响，这样的设计会向顾客展示出网店完善的售前和售后服务，增强顾客对店铺的信心和认可度，如图3-74所示。

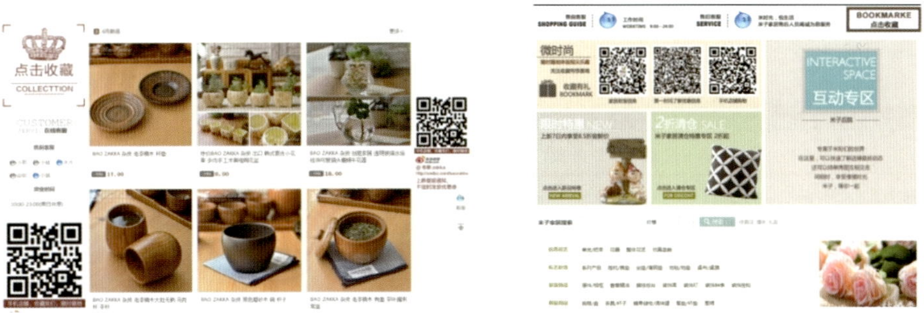

图3-74　店铺收藏区位置摆放

3.3.2　聊天软件头像的多种创意表现

如何让客服的头像与店铺的风格更加和谐，是客服区的设计重点，也是塑造店铺风格的一个关键。不同的电商平台有不同的聊天软件，下图3-75和3-76所示分别是京东和淘宝的聊天软件图标。

图3-75　咚咚

图3-76　旺旺

电商平台对客服区的聊天软件图标尺寸是有具体要求的。以淘宝网的旺旺图标为例：如果使用单个旺旺图标作为客服的链接，那么图标的尺寸为宽16像素、高16像素；如果使用添加了“售后服务”或“售前服务”字样的旺旺图标，那么图标的尺寸为宽77像素、高19像素，具体如下图3-77和3-78所示。

图3-77　单个旺旺图标

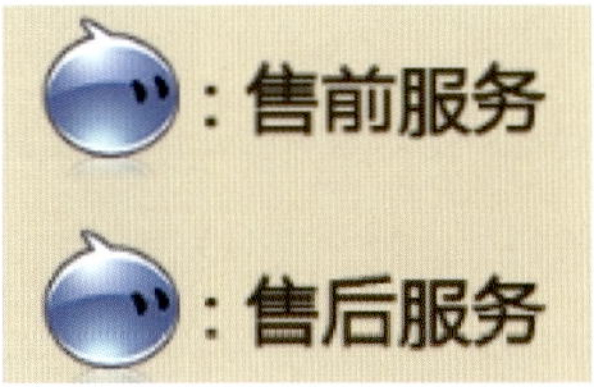

图3-78　分类旺旺图标

除了上述两种标准的图标尺寸外，很多设计师为了让客服区的设计更加亲切和人性化，还创作出了很多颇具创意的表现形式。在客服区的设计中，有些商家会直接使用网店的聊天图标作为客服头像的图片，或者为了让客服区的设计与整个店铺的风格一致，会使用一些卡通的头像或者真实的人物头像来对客服的形象进行美化，提高顾客对客服交流的兴趣，图3-79所示分别为使用聊天图标和卡通头像作为客服图片的设计效果。

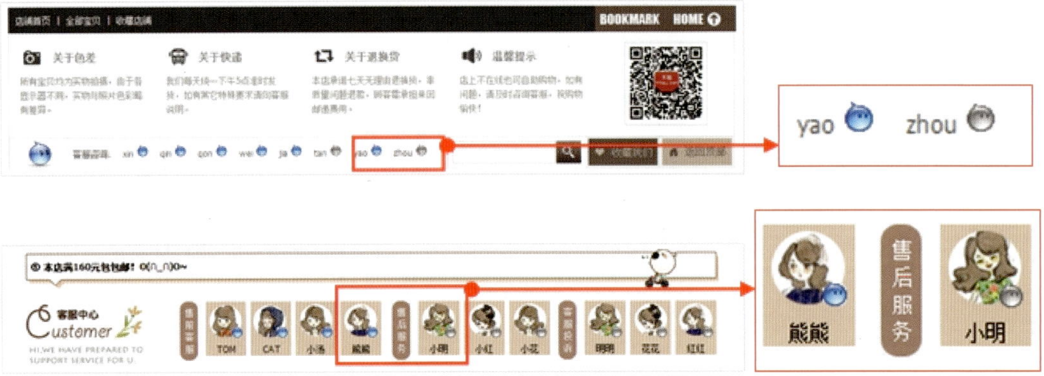

图3-79　客服头像设计

3.3.3　收藏区设计

本案例是为某服装店铺所设计的收藏区，在图3-80中可以看到，画面使用了棕色、暗红色和米色作为主要的色彩，营造出一种古典怀旧的视觉效果。

图3-80　店铺收藏区

1. 设计理念

（1）色彩搭配上使用了较为复古的米色和棕色，用暗红色对重要元素进行突出表现。

（2）使用米字格对“收藏”两个字进行修饰，带来一定的历史感，能提高顾客对店铺的信任度。

（3）使用暗红色的服装剪影放在画面左侧，能够直观地表现出店铺的商品信息。

2. 工具使用

（1）使用“图案叠加”“颜色叠加”和“描边”样式修饰设计元素。

（2）利用“横排文字工具”添加文字，并通过“字符”面板设置文字的属性。

（3）通过“魔棒工具”创建选区，为选区创建颜色填充图层，由此改变图片的色彩。

3. 操作步骤

（1）新建文档，双击“背景”图层对其进行解锁，接着为该图层添加上“颜色叠加”和“图案叠加”样式，如图3-81所示，效果如图3-82所示。

图3-81　效果添加

图3-82　效果展示

（2）选择工具箱中的“矩形工具”，绘制出所需的线条，形成米字格的效果，如图3-83所示。

图3-83　米字格效果

（3）选择工具箱中的“横排文字工具”，将文案信息添加在米字格中，如图3-84所示。

图3-84　文字添加

（4）使用“圆角矩形工具”绘制形状，再对“描边”样式和“填充”选项进行编辑，如图

3-85所示。

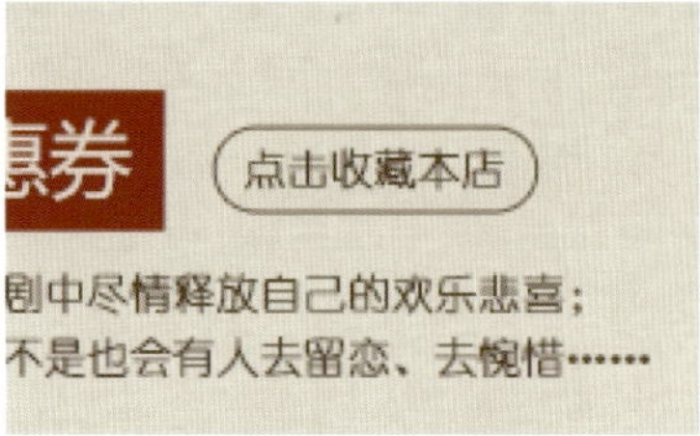

图3-85 样式填充

（5）将衣服剪影素材添加到文件中，使用“变暗”混合模式对其进行编辑，如图3-86所示。用“魔棒工具”将黑色添加到选区，创建颜色填充图层，如图3-87所示。

图3-86 衣服剪影素材

图3-87 创建颜色填充图层

3.3.4 客服区设计

本案例为店铺客服区设计，在如图3-88所示中可以看到，画面使用了灰棕色、暗红色和暗蓝色作为主打色。

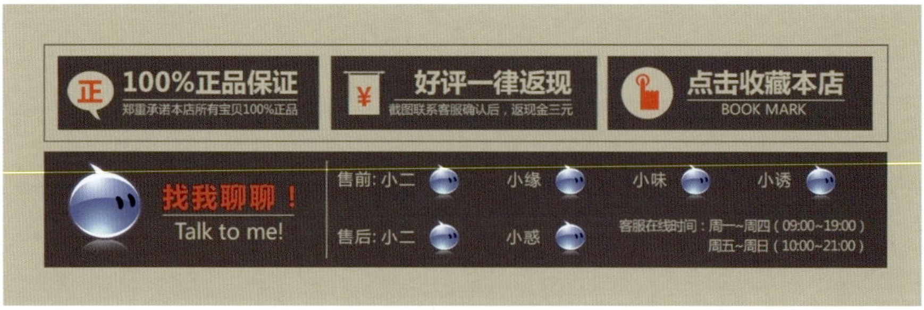

图3-88 客服区设计

1. 设计理念

（1）色彩搭配上使用了灰棕色和暗蓝色，采用暗红色对重要元素进行突出表现。

（2）使用暗蓝色色块对信息进行划分，带来一定的严谨感，能提高顾客对店铺的信任度。

（3）使用暗红色的文案放置在最主要的客服专栏，能够直观地表现出店铺的客服信息。

2. 工具使用

（1）使用“横排文字工具”添加文字，并通过“字符”面板设置文字的属性。

（2）使用“钢笔工具”绘制形状，为图形创建颜色填充图层，由此改变图形的色彩。

（3）使用“矩形工具”绘制图形，为图形创建颜色填充图层，由此改变图形的色彩。

3. 操作步骤

（1）新建文档，创建颜色填充图层，打开“拾色器”设置颜色，完成设置后单击“确定”按钮，在图像窗口可以看到编辑的效果，如图3-89所示。

图3-89　创建颜色填充图层

（2）选中工具箱中的“矩形工具”，绘制出如图3-90所示的线条和矩形，分别为绘制的形状填充适当的颜色，调整形状的大小和位置，以划定画面信息的大致布局。利用“钢笔工具”绘制下图3-90所示的形状，分别填充上不同的颜色。

图3-90　绘制形状并填充不同的颜色

（3）利用“横排文字工具”添加文字，输入如图3-91所示的文字信息，并通过“字符”面板设置文字的属性。店铺收藏区便制作完成了，效果如图3-92所示。

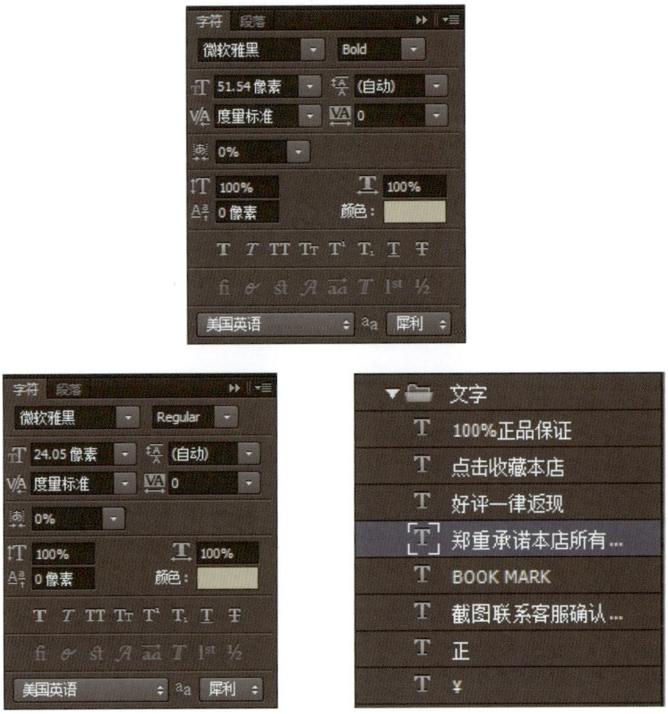

图3-91　字符段落设置

图3-92　店铺收藏区效果

（4）接着制作客服区，选中工具箱中的“矩形工具”，绘制出如图3-93所示的线条和矩形，分别为绘制的形状填充上适当的颜色，调整形状的大小和位置，作为客服区的背景，以划定画面信息的大致布局。

图3-93　绘制线条和矩形

（5）利用“横排文字工具”添加文字，输入如图3-94所示的文字信息，并通过“字符”面板设置文字的属性，如图3-95所示。

图3-94　文字信息

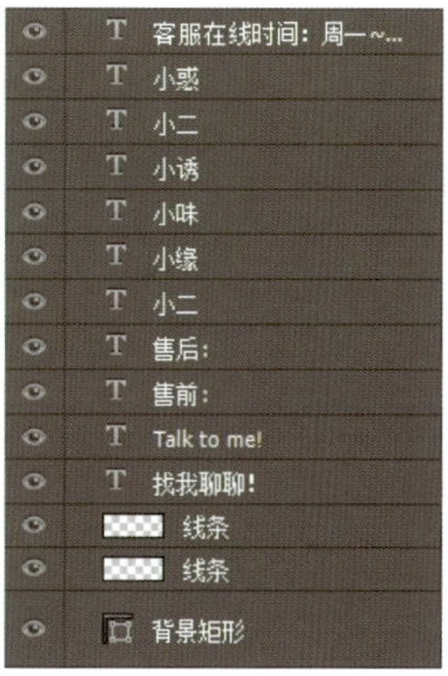

图3-95　设置文字的属性

（6）将旺旺图标素材添加到图像窗口中，适当的调整大小和位置，如图3-96所示，再复制图标并将其放置在每个客服名称的前面，如图3-97所示。

图3-96　旺旺图标素材

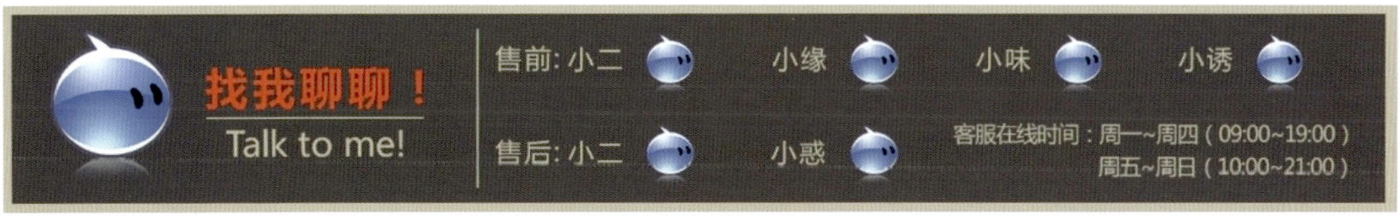

图3-97　客服名称

FOURTH

04

第4章 网店首页整体打造

※ 化妆品店铺首页装修设计

※ 书籍店铺首页装修设计

※ 女鞋店铺首页设计案例扩展

4.1 化妆品店铺首页装修设计

在本案例中，我们要为某化妆品店铺设计首页装修图。该化妆品以“植物提取，零添加”为口号，店主要求首页以展示化妆品为主，主要内容包括店招、导航条、欢迎模块、客服区、商品分类、“镇店之宝”专区、“热卖单品”专区、“纯正护肤”专区及相关的品牌特色展示等。

4.1.1 框架设计

店铺首页装修设计的第一步是根据首页的常规布局结构及店主的要求，对首页的主要框架进行构思。为了体现个性，我们决定对首页的标题栏采用通栏布局，让观者的视线更加开阔，最大限度地利用店铺首页的装修空间，其大致布局如下图4-1所示。该图只是一个较粗略的构思，最终制作完成的装修设计图会与该图有细微差别。

图4-1 框架设计

4.1.2　步骤详解（图4-2）

图4-2　步骤详解

将标题文字设置为不同的字号并随意摆放，利用修饰形状和图层样式点缀标题文字，使其更加精彩。

使用“自定义形状工具”和“钢笔工具”绘制出花朵形状，对客服区的背景进行修饰和点缀，避免了纯色背景的呆板和单一，营造出清新的视觉感受。

选用宋体与花式英文字体相搭配，通过色彩与背景的差异和风格一致的文字与图像，营造出一种清新、简洁、充满文艺气息的氛围。

将不同的商品专区的标题设置在整个首页的右侧，使用“矩形工具”绘制出背景，通过添加不同的颜色、字体、字号的文字来提升其观赏性和设计感。

（1）运行Photoshop，新建一个文档，设置背景色，如图4-3所示。

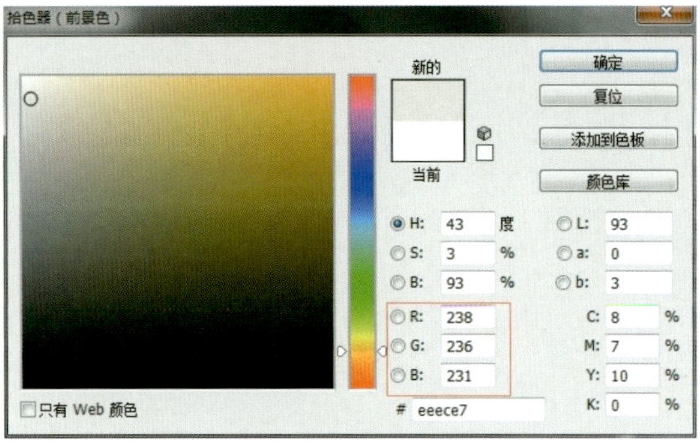

图4-3　设置背景色

（2）新建图层，命名为“白色矩形”，使用“矩形选框工具”创建矩形选区，将选区填充上白色，接着使用“投影”图层样式对其进行修饰，让白色矩形呈现立体效果，作为商品陈列区的背景，如图4-4所示。

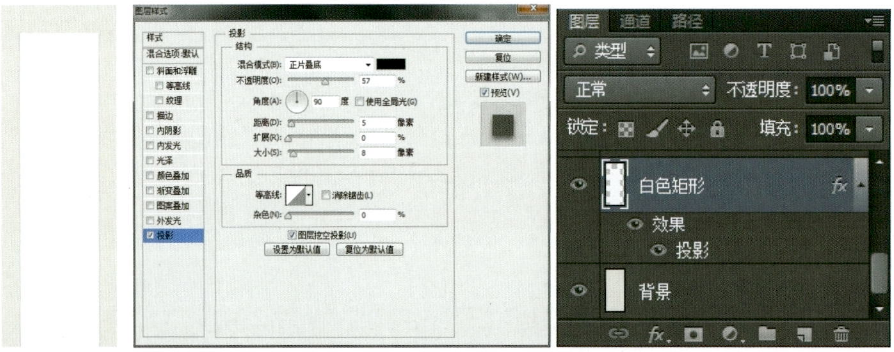

图4-4　商品陈列区的背景

（3）选择工具箱中的“横排文字工具”，在画面顶部的店招区输入店名等文字，打开“字符”面板，对文字的属性进行设置，通过字体、字号的变化来清晰展现文字的主次关系，如图4-5所示。

图4-5　输入文案

（4）为了让店招更加精致、完整，还需要在店招上添加修饰形状。选择工具箱中的“自定义形状工具”，在其选项栏中选择如图4-6所示的树叶和花朵形状并绘制出来，为绘制的形状设置填充色，并将其放在适当的位置。再选择“矩形工具”，在适当的位置绘制矩形线条，如图

4-7所示。

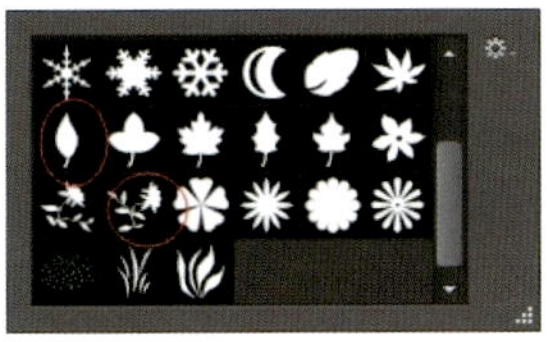

图4-6　自定义图形

图4-7　自定义图形应用

（5）为了让导航条呈现出立体感，使用“渐变叠加”图层样式对绘制的矩形进行修饰，如图4-8所示。

图4-8　矩形进行修饰

（6）为了增加导航条的设计感，使用“钢笔工具”绘制如下图所示的形状，并通过图层样式修饰绘制的形状，如图4-9所示。店招、导航条和收藏模块制作完成，效果如图4-10所示。

图4-9　图层样式修饰绘制的形状

图4-10　制作完成

（7）接下来开始制作欢迎模块。将模特素材图片添加到图像窗口中，适当调整大小，然后降低不透明度，如图4-11所示。

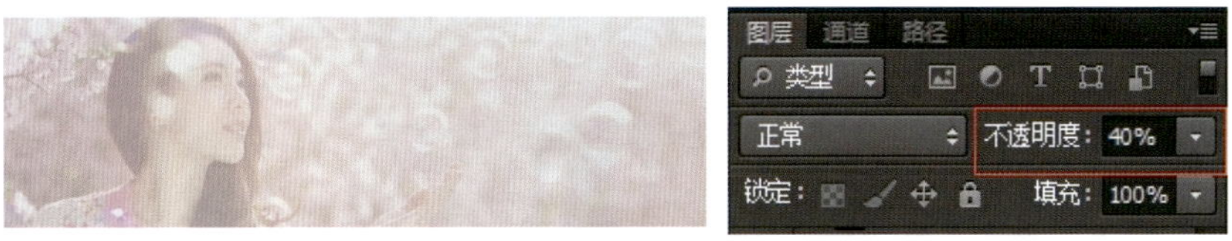

图4-11　降低不透明度

（8）使用“矩形工具”绘制一个矩形，使用“钢笔工具”绘制出所需形状，制作投影效果营造出层次感，如图4-12所示。然后将模特素材创建剪贴蒙版，如图4-13所示。

图4-12　绘制所需形状制作投影效果

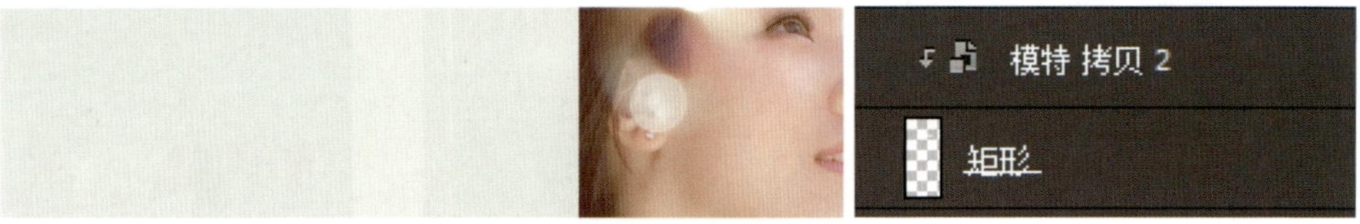

图4-22　创建剪贴蒙版

（14）添加分类文字的文案信息，如图4-23所示。使用“钢笔工具”绘制出花朵，作为客服区的背景，接着添加上旺旺图标，再输入客服名称等文字，如图4-24所示。

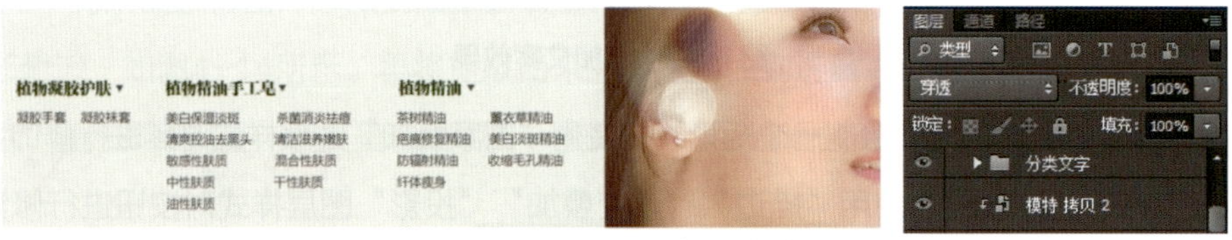

图4-23　添加文案信息

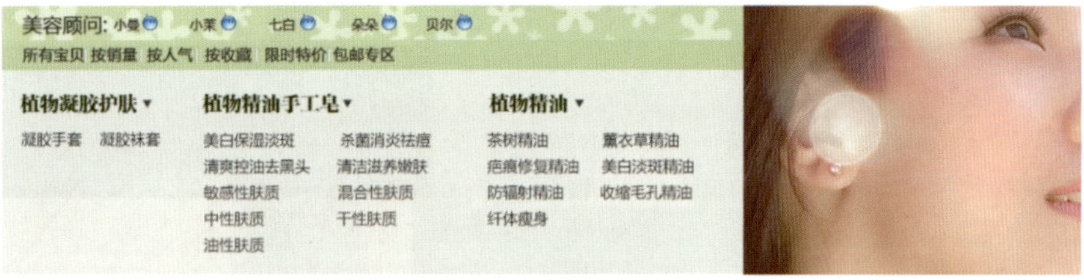

图4-24　客服名称

（15）使用“矩形工具”绘制一个矩形，添加背景图片素材放置于合适的位置，如图4-25所示。再添加产品素材图片并制作倒影，如图4-26所示。再使用“横排文字工具”和多种图层样式添加文案信息，如图4-27所示。

图4-25　绘制矩形并添加背景

图4-26　制作倒影

图4-27　添加文案信息

（16）为了清晰地说明商品类别，在商品陈列区的上方还需要添加一个标题。使用形状工具和文字工具制作出标题，通过“字符”面板对文字的属性进行设置，如图4-28所示，效果如图4-29所示。

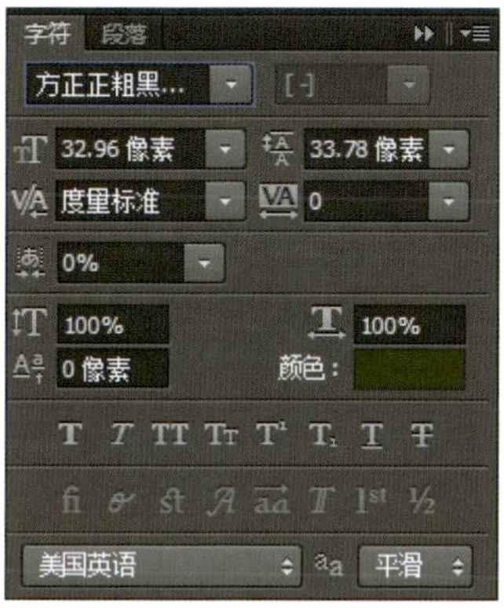

图4-28　文字属性设置

图4-29　效果图

（17）使用“横排文字工具”和多种图层样式，添加文案信息，再添加产品素材图片，调整其影调，利用图层蒙版控制器设置显示范围，制作出单品展示效果图，如图4-30所示。

图4-30　单品展示效果

（18）参考前面的方法，制作出“热卖单品”和“纯正护肤”专区。在制作过程中，要注意色彩的搭配，保证整体设计风格的和谐统一。这样，本案例就全部制作完成了，如图4-31所示。

图4-31　制作完成

4.2　书籍店铺首页装修设计

在本案例中，我们要为某书籍店铺设计首页装修图。该书店以“让你的智慧更有深度”为口号，店主要求首页设计图以展示书籍为主，主要内容包括店招、导航条、欢迎模块、客服区、商品分类、热销专区、快速导航专区、促销单品专区及相关的品牌特色展示等。

4.2.1　框架设计

店铺首页装修设计的第一步是根据首页的常规布局结构及店主的要求，对首页的主要框架进行构思。为了体现个性，我们决定对首页的标题栏采用通栏布局，让观者的视线更加开阔，最大限度地利用店铺首页的装修空间，其大致布局如图4-32所示。该图只是一个较粗略的构思，最终制作完成的装修设计图会与该图有细微差别。

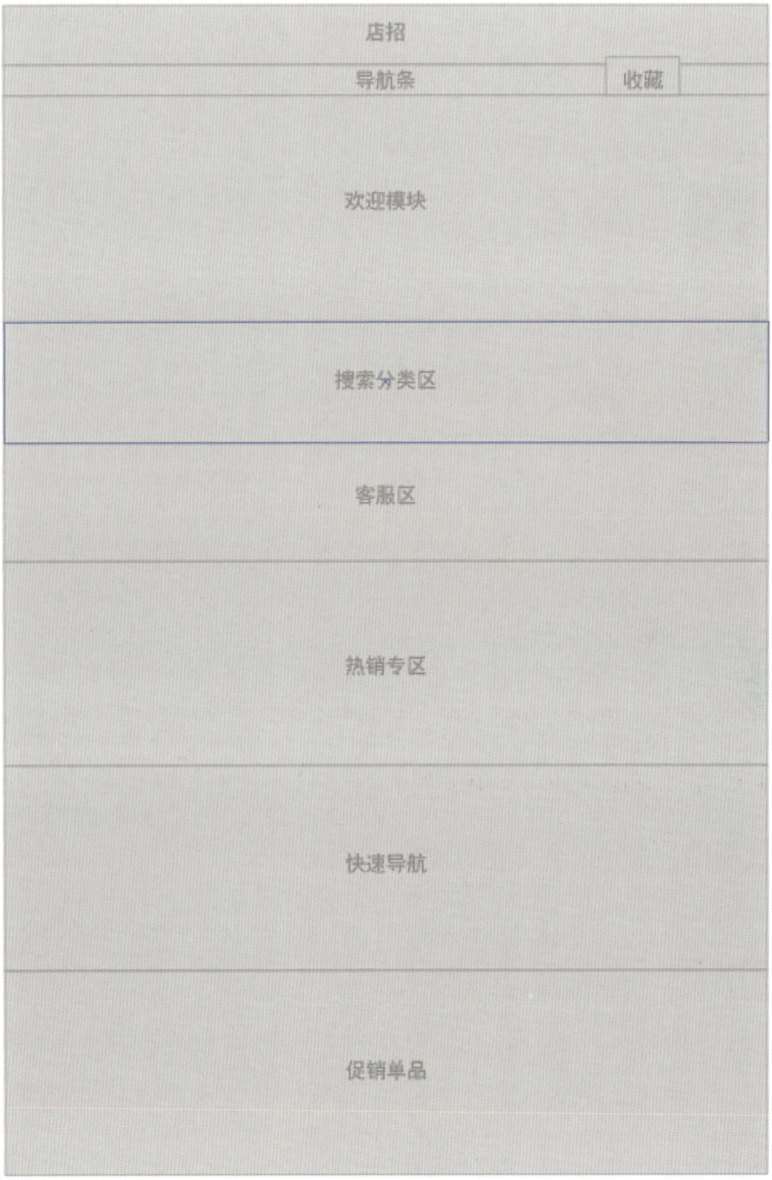

图4-32　框架设计

4.2.2 步骤详解（图4-33）

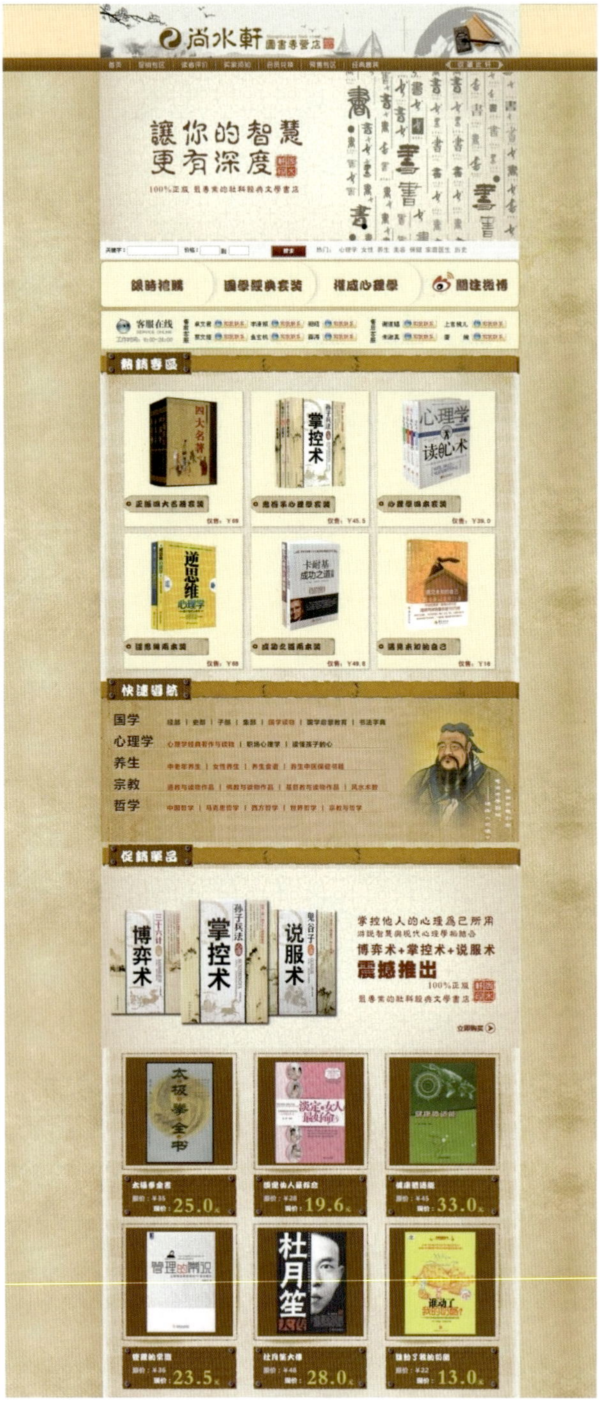

图4-33 步骤详解

将标题文字设置为不同的字号，利用修饰形状和图层样式点缀标题文字，并使用印章素材进行点缀，使其更加精彩。

使用“矩形工具”绘制出矩形形状，对搜索区进行修饰，使用多种图层样式进行美化，营造出清新的视觉感受。

选择创意字体进行搭配，通过几种素材的搭配进行模块专区的设计，营造出一种古朴并充满文艺气息的氛围。

将产品图像放置在能够融合的背景中来提升其观赏性和设计感。

（1）运行Photoshop，新建一个文档，添加背景素材牛皮纸，如图4-34所示。

图4-34　添加背景素材

（2）使用“矩形工具”绘制两个矩形，分别是950像素×120像素和950像素×30像素，并填充上不同的颜色，作为店招背景，如图4-35所示。

图4-35　店招背景

（3）将背景图案素材添加至图像窗口中并放置在合适的位置，添加文字信息使店招更加丰富，选择工具箱中的“横排文字工具”，在画面顶部的店招区输入店名等文字，打开“字符”面板，对文字的属性进行设置，通过字体、字号的变化清晰展现文字的主次关系，效果如图4-36所示。

图4-36　文案、素材及LOGO

（4）使用“矩形工具”绘制一个950像素×385像素的矩形作为欢迎模块背景，添加纹样素材图片，调整图文样式为“正片叠底”后，效果如图4-37所示。

图4-37　欢迎模块背景效果

（5）添加千书文图片素材至欢迎模块背景，如图4-38所示。

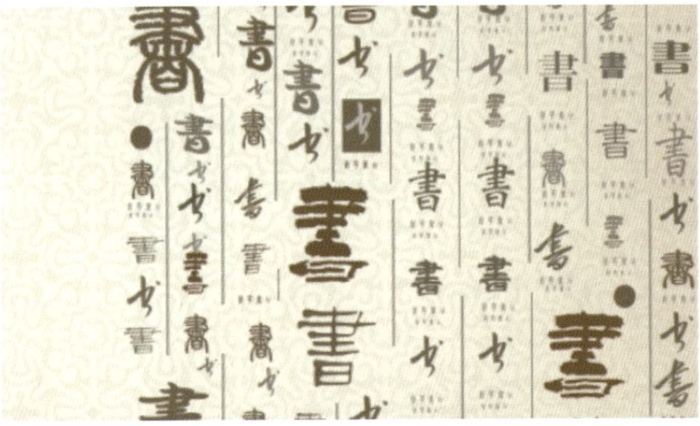

图4-38　千书文图片素材

（6）添加文字信息使欢迎模块更加丰富。选择工具箱中的“横排文字工具”，输入文字信息，打开“字符”面板，对文字的属性进行设置，通过字体、字号的变化清晰地展现文字的主次关系，如图4-39所示，整体效果如图4-40所示。

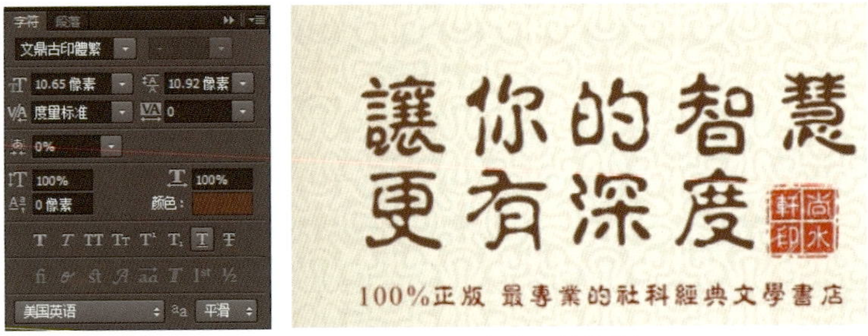

图4-39　文字属性设置

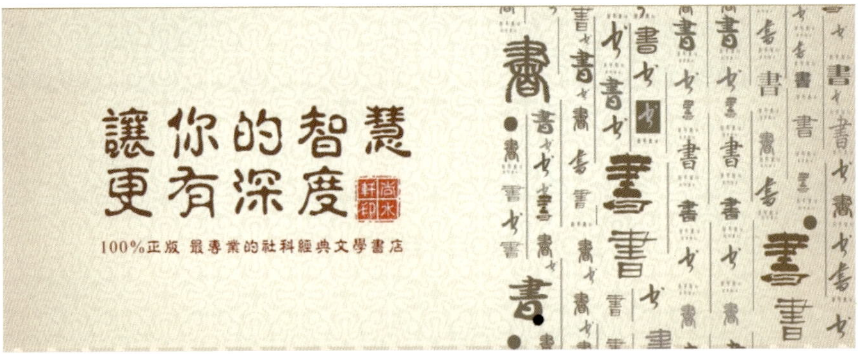

图4-40　欢迎模块效果展示

（7）搜索栏的制作。使用“矩形工具”绘制一个矩形，作为搜索栏背景，参数设置如图4-41所示，效果如图4-42所示。

图4-41　搜索栏背景参数设置

图4-42　搜索栏背景效果图

（8）使用“矩形工具”绘制四个不同大小的矩形，前三个为关键词和价格的输入框，不需要底色填充，描边为80%灰色，最后一个为搜索按钮，参数设置如图4-43、4-44、4-45所示，效果如图4-46所示。

图4-43　矩形工具

图4-44　矩形工具

图4-45　渐变效果

图4-46　效果展示

（9）选择工具箱中的“横排文字工具”输入文字信息，打开“字符”面板，对文字的属性进行设置，通过字体、字号的变化来清晰展现文字的主次关系，如图4-47所示。

图4-47　文字属性设置

（10）使用工具箱中的“圆角矩形”工具，绘制一个圆角矩形，添加图层样式中的描边，如图4-48、4-49、4-50所示。

图4-48　圆角矩形

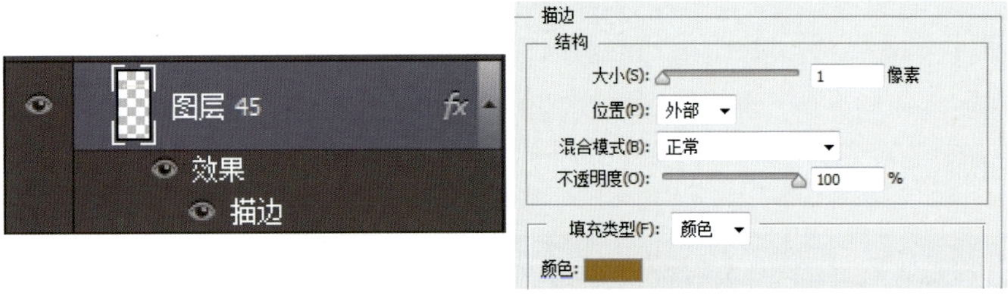

图4-49　参数设置

图4-50　效果展示

（11）使用工具箱中的“椭圆工具”，按住“Shift”键绘制一个正圆，添加图层样式中的投影，再复制两个，如图4-51、4-52、4-53所示。

图4-51　椭圆工具参数设置

图4-52　添加投影

图4-53　复制投影

（12）选择工具箱中的“横排文字工具”输入文字信息，打开“字符”面板，对文字的属性进行设置，如图4-54所示，效果如图4-55所示。

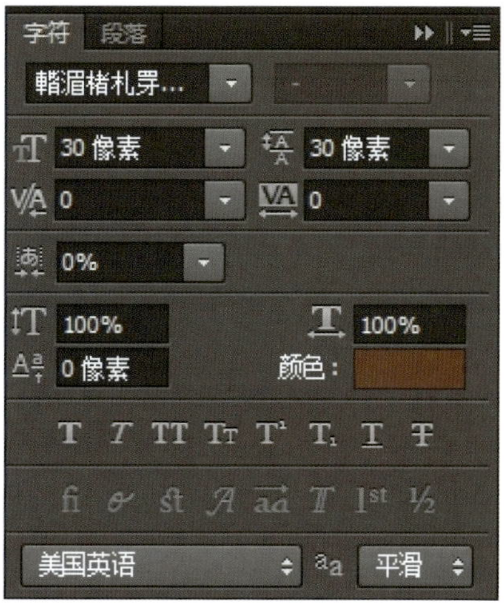

图4-54　文字属性参数设置

图4-55　效果展示

（13）参照化妆品案例的客服区制作方法，使用“矩形工具”绘制矩形后进行颜色填充和描边的处理，最后添加文字和旺旺图标，如图4-56所示。

图4-56　效果展示

（14）添加专区的背景素材图片，如图4-57所示。

图4-57　背景素材图片

（15）使用“矩形工具”绘制一个矩形，参数如图4-58所示，再用图文样式中的外发光和投影进行效果的设定，使图像更加丰富，再进行复制和排版，如图4-59、4-60所示。

图4-58　矩形工具参数设置

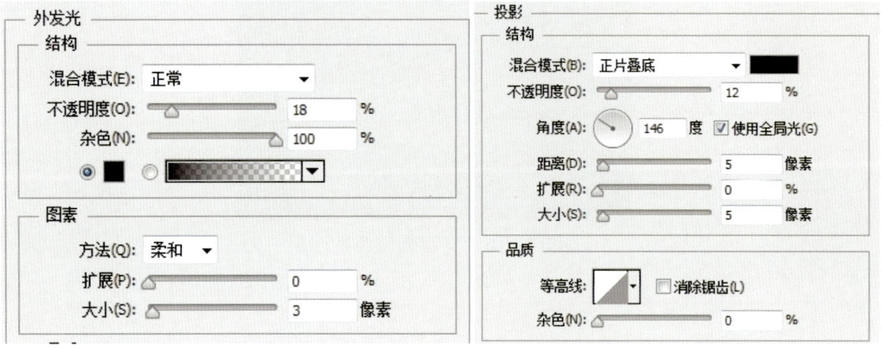

图4-59　外发光、投影参数设置

图4-60　效果展示

（16）添加标签素材图片，添加文字信息，如图4-61所示。用同样的制作方法制作出完整的热销专区，如图4-62所示。

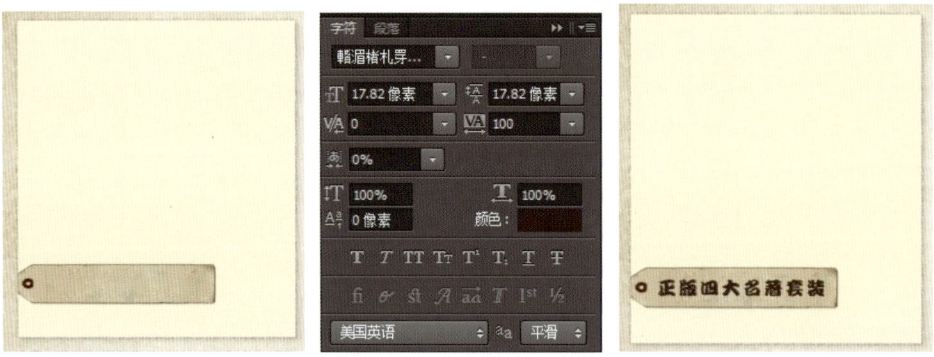

图4-61　标签素材文字信息

图4-62 热销专区效果图

（17）快速导航专区的抬头如图4-63所示。输入文字信息，选择工具箱中的“横排文字工具”，打开“字符”面板，对文字的属性进行设置，参数设置和效果如图4-64、4-65所示。

图4-63 快速导航专区抬头

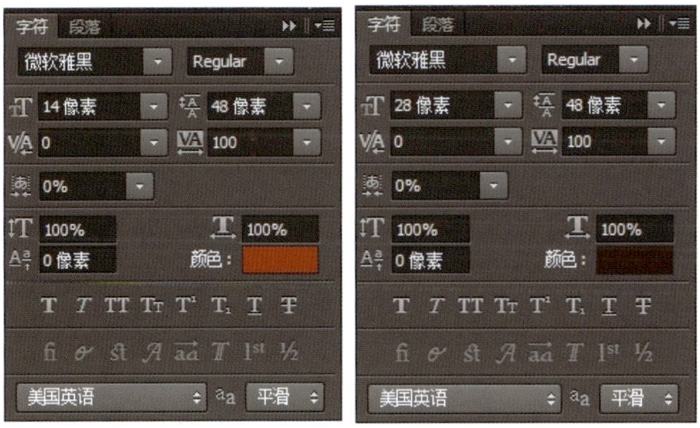

图4-64 字符参数设置

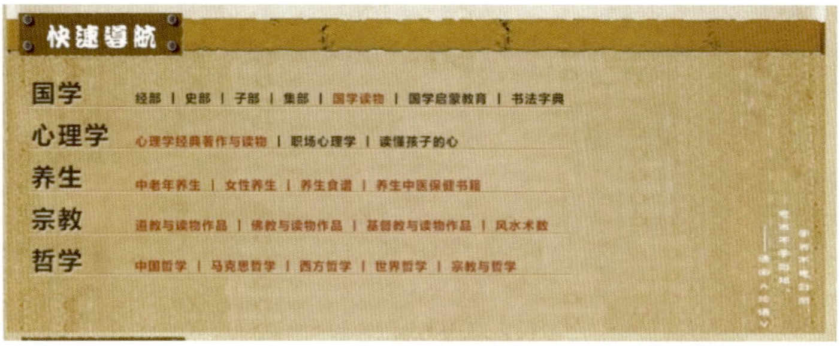

图4-65 效果展示

（18）添加孔子图像素材，可丰富专区的视觉冲击力，如图4-66所示。

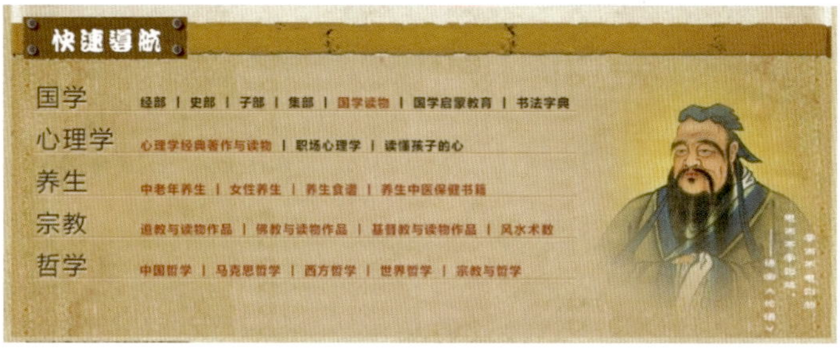

图4-66 快速导航专区效果图

（19）参考前面的方法，制作“促销单品”专区。在制作过程中，要注意色彩的搭配，保证整体设计风格的和谐统一。这样，本案例就全部制作完成了，如图4-67所示。

图4-67 完整效果展示

4.3　女鞋店铺首页设计案例扩展

女鞋店铺首页设计案例扩展如图4-68所示。

图4-68　案例扩展

在店招的设计中可以通过添加产品素材图片来丰富店招，使店招对产品的介绍更为直观。

使用“矩形工具”绘制出矩形形状，对欢迎模块进行设计。然后使用“钢笔工具”在后期进行不规则形状的改变。

选择不同颜色的字体相搭配进行模块专区的抬头设计，营造出一种时尚、舒适的氛围。

制作出带有“掌柜推荐”和“新款”等水印形式的图样，增加图片的点击率和突出感。

在首页的最尾端制作这种爆款信息可以有效增加订单量。

FIFTH

05

第5章 无线店铺视觉呈现

※ 无线店铺装修趋势

※ 消费者在无线端的行为习惯分析

※ 手机端店铺装修各模块规格及要点

5.1 无线店铺视觉呈现的重要性

当互联网发展到2015年，电商卖家越来越感受到PC端流量的短缺和移动端流量的巨大冲击力，店铺后台数据显示出70%以上的流量来自移动端，60%的成交量来自移动端，崭新的移动互联网时代已展现在所有人面前，因此无线店铺的视觉呈现也越发显得重要，对无线店铺的视觉呈现进行专门的设计和打造，已成为商家迫切的需求。

5.2 无线店铺装修趋势

在了解无线店铺装修趋势之前应先考虑三个问题：

（1）无线店铺的呈现情况如何，要使用什么端口查看无线端的装修情况?

（2）为什么要装修无线店铺?

（3）现在无线店铺的装修情况如何，以及全网的流量发生了什么变化?

5.2.1 无线店铺的端口分析

无线店铺的三个访问端口分别是：淘宝APP（应用）、天猫APP、京东APP分别如图5-1至图5-3所示。

图5-1 淘宝APP

图5-2 天猫APP

图5-3 京东APP

5.2.2　无线店铺的全网发展流量关系

2015年之后，电商竞争越发激烈，各个平台发展迅速，网购成为一种常态，消费者的选择、商品的呈现方式、各种电商平台的出现，特别是处在PC（计算机）时代向移动互联网时代转移的大环境下，消费者开始更多地使用移动设备进行网购。在下图5-4中可以看到淘系平台与其他平台的流量对比，以及图5-5中同为天猫平台，移动端与PC端的流量对比。

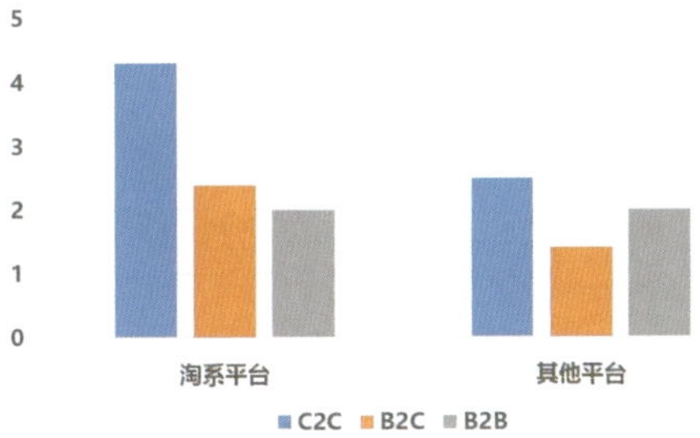

图5-4　全网发展流量关系

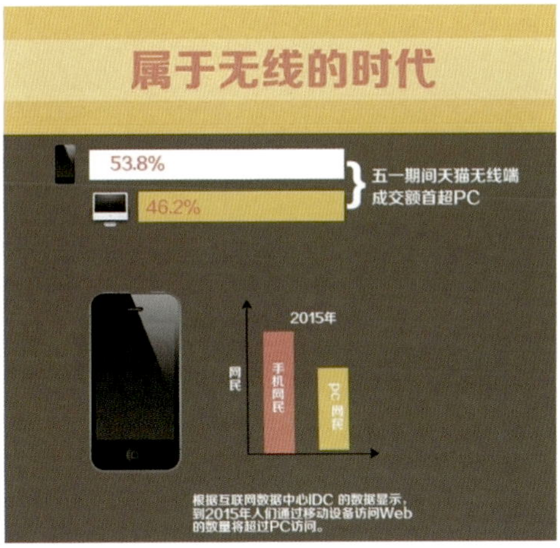

图5-5　移动、PC对比

5.3　消费者在无线端购物的行为习惯分析

当无线时代来临时，商家一定要做好无线端店铺的视觉呈现，做好消费者体验。在做好呈现之前，要先了解消费者在无线端有哪些行为习惯，以便更好地提供消费体验。下面用几幅调查图来进行展示。

5.3.1 无线端消费人群网上购物的时间特征

无线端消费人群网上购物的时间特征如图5-6所示。

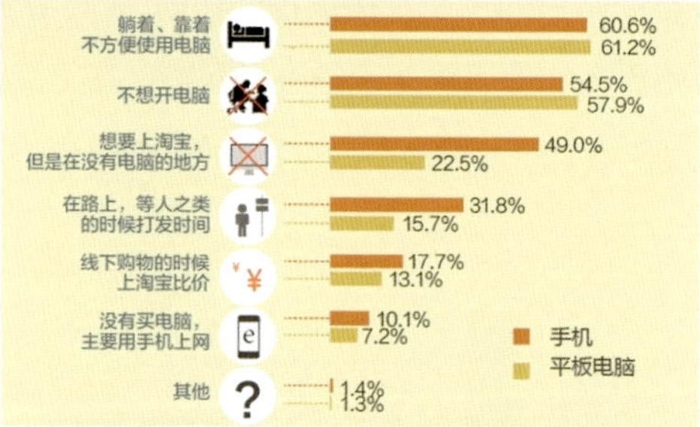

图5-6　无线端人群网上购物的时间特征

5.3.2 无线端消费人群的年龄特征

无线端消费人群的年龄特征如图5-7所示。

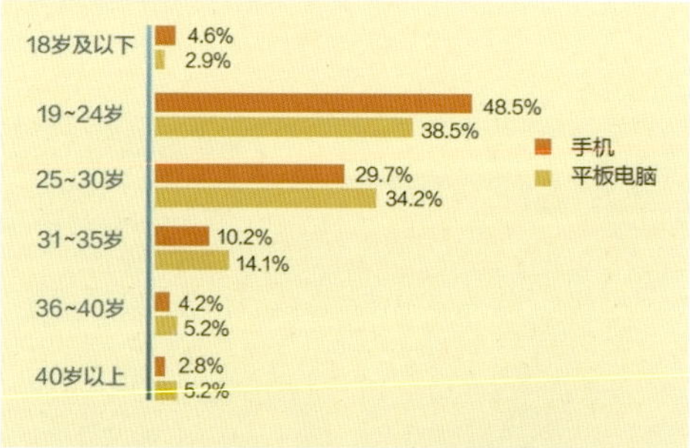

图5-7　无线端消费人群的年龄特征

5.3.3 无线端消费人群的主要购物习惯及行为特征

无线端消费人群的主要购物习惯及行为特征如图5-8所示。

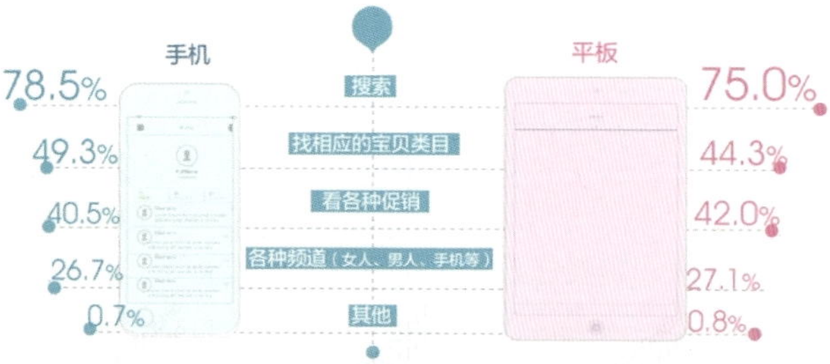

图5-8　无线端消费人群的主要购物习惯及行为特征

5.4　无线端购物的特点

无线端购物的特点如图5-9所示。

无线端特点	页面呈现关键词
1、要求页面流量更小	精简 页面长度　优化图片
2、休闲时光	品质 趣味 互动 神秘
3、碎片时间	精准 清晰 快捷 诱惑
4、屏幕小得多	简单 精炼 模块与图片主次分明

图5-9　无线端购物的特点

5.5　无线端首页内容定位

无线端首页的特殊性决定了其有三个方面的定位内容:

（1）结构风格要求精练、主次分明、主题明确;

（2）内容模块推荐由分类、活动、宝贝3 个部分组成;

（3）应优先选择具有趣味性、品质感好的宝贝，这样更容易吸引用户的眼球。

5.6　无线端店铺装修各模块规格及要点

5.6.1　店招模块规格及要点

如图5-10所示，我们可以看到店招中有背景图片和店铺LOGO，在前台展现时还会出现分享和收藏店铺按钮。

LOGO的设计需要注意可记忆性并且简洁、明快，有店铺调性而且可以重复使用；LOGO一般为GIF或JPG格式，文件大小在80KB以内，图片储存为80px×80px。

背景图片需要注意店铺核心定位、店铺理念、用户引导，也可以放上核心产品、店铺的实时活动或者店铺二维码引导客户进行扫码关注；店招的图片一般为GIF或JPG格式，文件大小在100KB以内，图片储存为640px×248px。

图5-10　无线端店铺装修规格

5.6.2　左文右图模块规格及要点

左文右图模块，一般用于活动或店铺王牌宝贝或店铺形象呈现。左文右图模块的图片一般为PNG或JPG格式，文件大小在100KB以内，图片储存为640px×160px，如图5-11所示。

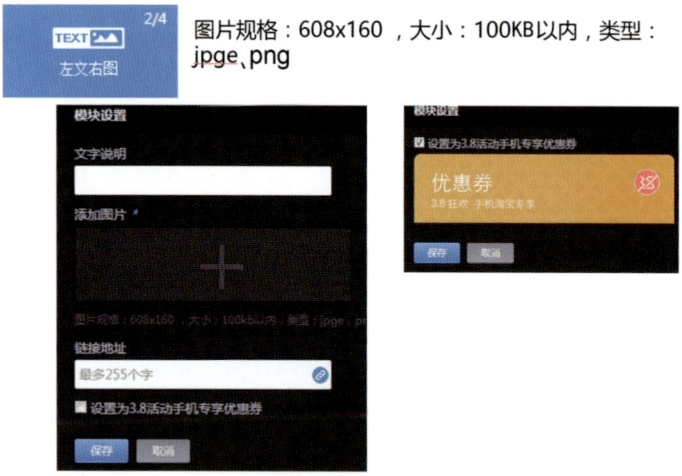

图5-11　左文右图模块

5.6.3 焦点图模块规格及要点

焦点图模块一般用于呈现店铺形象、推荐店铺活动及热销款产品。焦点图模块的图片一般为PNG或JPG格式，文件大小在100KB以内，图片储存为640px×304px，如图5-12所示。

图5-12 焦点图模块

5.6.4 Banner（横幅）模块规格及要点

Banner模块优先使用于宝贝分类中，图片一般为PNG或JPG格式，文件大小在50KB以内，图片储存为296px×160px，如图5-13所示。

尺寸：296*160；文件大小：50KB
格式：jpg、png
模块内容：最多可以添加2张Banner图片 对应链接

图5-13 Banner模块

5.7 无线端店铺首页装修注意事项

5.7.1 基本原则

（1）对无线端店铺首页图片处理的总结：

① 因为手机是手持设备，一定要强调触摸感官的习惯性；

② 手机屏幕距离人眼比较近，尽可能让产品的细节清晰，达到让用户眼前一亮的效果；

③ 因为手机狭长，用户是从上往下查看信息的，要求信息不要太多，但是要考虑抢眼、吸引眼球、具有互动性。

（2）无线端店铺装修的基本原则：页面加载速度快、色彩鲜明、结构清晰、板块分明。

5.7.2 注意事项

（1）店铺布局首先要做好分类模块，首页是一个店铺的枢纽，比PC端首页有更重要的地位；

（2）店铺首页一定要展示出店铺的主营宝贝和店铺的定位理念；

（3）店铺首页要考虑互动性、趣味性、专业性、基调定位；

（4）店铺需控制元素色彩的使用，考虑统一协调、主次分明、层次递进；

（5）店铺和PC端有相同的记忆符号；

（6）店铺首页需控制长度，一般以6 屏以内为佳，控制模块数量。

5.8 无线端店铺活动页装修注意事项

5.8.1 店铺活动页装修主要功能

（1）无线端店铺活动页面是可以独立编辑的页面，大大方便了活动信息的同步，因此无线端店铺活动页是一个转化利器；

（2）无线端活动页实现了店铺页面之间的互通，增加了客户的访问深度；

（3）无线端店铺活动页面是老客户营销必备的工具。（图5-17、5-18）

图5-17 自然转换

图5-18 专业设计

5.8.2 无线端店铺活动页面装修主要类型

无线端店铺活动页面可分三类。

单品推广需要的活动页面，这个往往是在打造热销核心单品时使用，它能做到3点：信息传达一致，突出唯一性；满足时间紧迫感的需要； 适合于单品，强调卖点，突出设计，专区只为一个单品而设计。

活动推广时使用的活动页面一般有两种场景：一种是追求整体活动感觉而做的活动专辑页面，一种是大促销时进行的独立页面设计，如图5-19所示。

图5-19 活动推广时使用的活动页面

产品搭配推荐时做的活动页面可在一个页面内把商品根据客户的需要进行组合搭配，从而提高转化客单价。

但是在搭配时需要注意：

（1）搭配是客户需要的搭配，不是为了搭配而搭配；

（2）产品陈列是为了方便客户的使用习惯；

（3）搭配时需考虑满减、优惠券等优惠方式。

SIXTH

06

第6章 HTML+CSS 基础

※ HTML 基础知识

※ DIV+CSS 基础

※ 淘宝店铺装修代码大全

6.1 HTML基础知识

Internet风行全球，作为展现Internet风采的重要载体，Web页受到了愈来愈多人的重视。好的Web页可以吸引用户频频光顾站点，从而达到宣传网站的目的。Web页是由HTML（Hypertext Markup Language，超文本标记语言）组织起来的、由浏览器解释显示的一种文件。

最初的HTML语言功能极其有限，仅能够实现静态文本的显示，人们远远不满足于死板的类似于文本文件的Web页。后来增强的HTML语言扩展了对图片、声音、视频影像的支持。

通过浏览器访问到的Web页面，通常是基于HTML的基础上所形成的。那么，什么是HTML呢？下面将介绍有关HTML的概念及其基本语法。

6.1.1 HTML概念

畅游Internet时，通过浏览器所看到的网站是由HTML语言所构成的。HTML是一种建立网页文件的语言，通过标记式的指令（Tag）将影像、声音、图片、文字等连接显示出来。这种标记性语言是网页的主要语言。

HTML网页文件可以使用记事本、写字板或Dreamweaver等编辑工具来编写，以.htm或.html为文件后缀名保存。将HTML网页文件用浏览器打开显示，若测试没有问题则可以放到服务器（Server）上，对外发布信息。

6.1.2 HTML基本语法

HTML标记是由“<”和“>”所括住的指令标记，用于向浏览器发送标记指令，主要分为单标记指令和双标记指令（由“<起始标记>”+内容+“</结束标记>”构成）。

HTML语言使用“标志对”的方法编写文件，既简单又方便。它通常使用“<标志名>+内容+</标志名>”来表示标志的开始和结束，因此在HTML文档中这样的“标志对”都必须是成对使用的。

为了便于理解，可以将HTML标记语言大致分为基本标记、格式标记、文本标记、图像标记、表格标记、链接标记、表单标记和帧标记等。

1. 基本标记

基本标记是用来定义页面属性的一些标记语言。通常一份HTML网页文件包含3个部分：标头区<HEAD>……</HEAD>、内容区<BODY>……</BODY>和网页区<HTML>……</HTML>。其中：

（1）HTML 文档 = 网页:

HTML 文档包含 HTML 标签和纯文本，HTML 文档也被称为网页。

（2）HTML文档编写方法:

① 使用各类文本编辑器，存成*.htm或*.html。

② 使用可视化HTML编辑器，如Dreamweaver，FrontpageWeb服务器动态生成。

（3）HTML 标签:

① HTML 标签是由尖括号包围的关键词，如 <html>;

② HTML 标签包括两种格式：单标签，如<hr/>；双标签，如<em>……</em>。标签对中的第一个标签是开始标签，第二个标签是结束标签。第一个标签内，可以设置标签属性，即标签样式，如<hr size=3 align=left width="75%">。

2. 格式标记

这里所介绍的格式标记都是用于<body>……</body>标志对之间的。

（1）<p></p>：

<p></p>标志对是用来创建段落的，在此标志对之间加入的文本将按照段落的格式显示在浏览器上。<p>标志还可以使用align属性，用来说明对齐方式，语法如下所示:

<p align="参数"></p>

align的参数可以是left（左对齐）、center（居中）和right（右对齐）3个值中的任何一个。例如<p align="center"></p>表示标志对中的文本使用居中的对齐方式。

（2）
：

是一个很简单的单标记指令，它没有结束标志，因为它用来创建一个回车换行，即标记文本换行。

注意：如果把
加在<p></p>标志对的外边，将创建一个大的回车换行，即
前边和后边的文本的行与行之间的距离会比较大。若放在<p></p>的里边则
前边和后边的文本的行与行之间的距离会比较小。

（3）<blockquote></blockquote>：

在<blockquote></blockquote>标志对之间加入的文本将会在浏览器中按两边缩进的方式显示出来。

（4）<dl></dl>、<dt></dt>、<dd></dd>：

<dl></dl>用来创建一个普通的列表；<dt></dt>用来创建列表中的上层项目；<dd></dd>用来创建列表中最下层项目，<dt></dt>和<dd></dd>都必须放在<dl></dl>标志对之间。

通过下面的实例，读者可以更好地理解这几个相近的标记。

（1）<pre></pre>:

<pre></pre>标志对用来对文本进行预处理操作。

（2）<h1></h1>……<h6></h6>:

HTML语言提供了一系列对文本中的标题进行操作的标志对：<h1></h1>、<h2></h2>、……<h6></h6>。<h1></h1>是最大的标题，而<h6></h6>则是最小的标题。如果在HTML文档中需要输出标题文本，可以使用这6对标题标志对中的任何一对。

（3）<b></b>、<i></i>、<u></u>:

<b></b>用来使文本以加粗的形式输出，<i></i>用来使文本以斜体字的形式输出，<u></u>用来使文本以加下划线的形式输出。

（4）<tt></tt>、<cite></cite>、<em></em>、<strong></strong>:

这些标志对的用法和上边的一样，差别只是在于输出的文本字体不太一样而已。<tt></tt>用来输出呈现类似打字机风格字体的文本；<cite></cite>用来输出引用方式的字体，通常是斜体；<em></em>用来输出需要强调的文本（通常是斜体加粗体）；<strong></strong>则用来输出加重文本（通常是加粗体）。

（5）<font></font>:

<font></font>可以对输出文本的字体大小、颜色进行随意的改变。这些改变主要是通过对它的两个属性size和color的控制来实现的。size属性用来改变字体的大小，它可以取值为-1、1和+1；而color属性则用来改变文本的颜色，颜色的取值是十六进制RGB颜色码或HTML语言给定的颜色常量名。

文本标记的具体用法如以下代码所示:

```
<html>
<head>
<title>文本标记的综合示例</title>
</head>
<body text="blue">
<h1>最大的标题</h1>
<h3>使用h3的标题</h3>
<h6>最小的标题</h6>
<p><b>粗体字文本</b> </p>
<p><i>斜体字文本</i> </p>
<p><u>加下划线文本</u> </p>
```

```
<p><tt>打字机风格的文本</tt></p>
<p><cite>引用方式的文本</cite></p>
<p><em>强调的文本</em></p>
<p><strong>加重的文本</strong></p>
<p><font size="+1" color="red">size取值“+1”、color取值“red”时的文本</font></p>
</body>
</html>
```

此例在浏览器中的显示如图6-3所示。

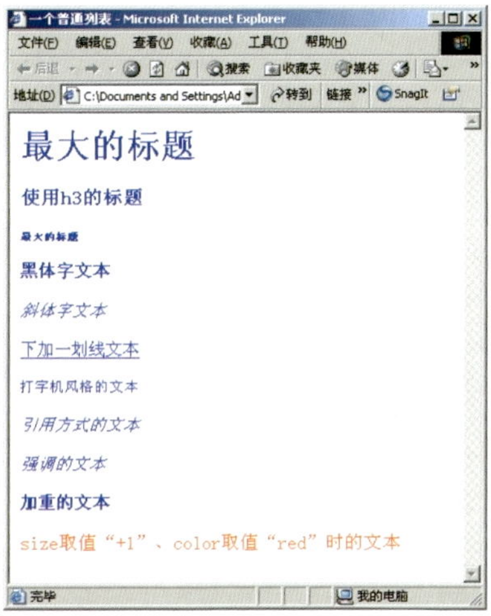

图6-3　文本标记执行效果图

4. 图像标记

再简单朴素的网页如果只有文字而没有图像都将失去活力，图像在网页制作中是非常重要的一个方面，HTML语言也专门提供了<img>标志来处理图像的输出。

（1）<img>：

<img>标志并不是真正地把图像加入HTML文档中，而是给标志对的src（标准要求代码）属性赋值。这个值是图像文件的文件名，其中包括路径，这个路径可以是相对路径，也可以是网址。所谓相对路径是指所要链接或嵌入当前HTML文档的文件与当前文件的相对位置所形成的路径。

假如网站的HTML文件与图像文件（文件名假设是logo.gif）在同一个目录下，则可以将代码写成<img src="logo.gif">。假如网站的图像文件放在当前的HTML文档所在目录的一个子目录（子目录名假设是images）下，则代码应为<img src="images/logo.gif">。通常图像文件都会放在网站中一个独立的目录里。

必须注意的是：src属性在<img>标志中是必须赋值的，是标志中不可缺少的一部分。

除此之外，<img>标志还有alt、align、border、width和height属性。align是图像的对齐方式，在上边已经提到过；border属性是图像的边框，可以取大于或者等于0的整数，默认单位是像素；width和height属性分别是图像的宽度和高度，默认单位也是像素；alt属性是当光标移动到图像上时显示的文本。

（2）<hr>:

<hr>标志是在HTML文档中加入一条水平线。它可以直接使用，具有size、color、width和noshade属性。

size用来设置水平线的厚度，width用来设置水平线的宽度，默认单位都是像素。noshade属性不用赋值，直接加入标志即可使用，它是用来加入一条没有阴影的水平线，不加入此属性水平线会有阴影。

图像标记的使用如以下代码所示，效果如图6-4所示。

```
<html>
<head>
<title>图像标记的综合示例</title>
</head>
<body>
<p align="center"><img src="../logo468_60.gif" alt="网页设计" width="468"
height="60"></p>
<hr width="600" size="1" color="#0000FF">
</body>
</html>
```

图6-4　图像标记效果图

5. 表格标记

表格标记对于制作网页是很重要的，现在很多网页都是使用多重表格，主要是因为表格不但可以固定文本或图像的输出，还可以任意地进行背景和前景颜色的设置。

（1）<table></table>:

<table></table>标志对用来创建一个表格。它的属性较多，诸如bgcolor、bordercolor、cellpadding等。具体的属性参数将在使用Dreamweaver整合页面时做详细介绍。

（2）<tr></tr>、<td></td>:

<tr></tr>标志对用来创建表格中的每一行。此标志对只能放在<table></table>标志对之间使用，在此标志对之间加入文本是无效的。

<td></td>标志对用来创建表格中一行中的每一个表格，此标志对只有放在<tr></tr>标志对之间才是有效的。

（3）<th></th>:

<th></th>标志对用来设置表格抬头，通常是黑体居中文字。

表格标记的使用如以下代码所示，效果如图6-5所示。

```
<html>
<head>
<title>表格标记的综合示例</title>
</head>
<body>
<table border="1" width="80%" bgcolor="#E8E8E8" cellpadding="2" bordercolor="#0
000FF"bordercolorlight="#7D7DFF" bordercolordark="#0000A0">
 <tr>
  <th width="33%" colspan="2" valign="bottom">意大利</th>
  <th width="36%" colspan="2" valign="bottom">英格兰</th>
  <th width="36%" colspan="2" valign="bottom">西班牙</th>
 </tr>
 <tr>
  <td width="16%" align="center">AC米兰</td>
  <td width="16%" align="center">佛罗伦萨</td>
  <td width="17%" align="center">曼联</td>
  <td width="17%" align="center">纽卡斯尔</td>
  <td width="17%" align="center">巴塞罗那</td>
  <td width="17%" align="center">皇家社会</td>
 </tr>
```

```
    <tr>
     <td width="16%" align="center">尤文图斯</td>
     <td width="16%" align="center">桑普多利亚</td>
     <td width="17%" align="center">利物浦</td>
     <td width="17%" align="center">阿森纳</td>
     <td width="17%" align="center">皇家马德里</td>
     <td width="17%" align="center">……</td>
    </tr>
    <tr>
     <td width="16%" align="center">拉齐奥</td>
     <td width="16%" align="center">国际米兰</td>
     <td width="17%" align="center">切尔西</td>
     <td width="17%" align="center">米德尔斯堡</td>
     <td width="17%" align="center">马德里竞技</td>
     <td width="17%" align="center">……</td>
    </tr>
  </table>
  </body>
  </html>
```

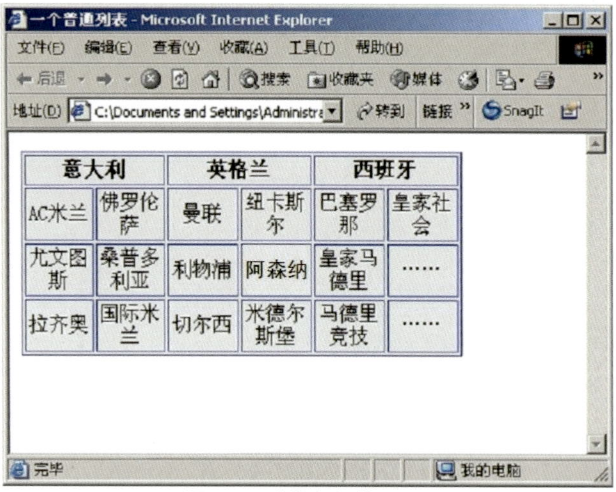

图6-5　表格标记效果图

6. 链接标记

链接是HTML语言的一大特色，正因为有了链接，网站内容的浏览才能够具有灵活性和网络性。

（1）<a href="……"></a>:

该标志对的属性href是无论如何不可缺少的，标志对之间加入需要链接的文本或图像（链接图像即加入<img src="">标志）。

href的值可以是URL形式，即网址或相对路径，也可以是mailto:形式，即发送E-mail形式。当href为URL时，语法为<a href="URL"></a>，这样就构成一个超文本链接了。

例如：<a href="http://xld.home.chinaren.net/">这是我的网站</a>

当href为邮件地址时，语法为<a href="mailto:E-mail"></a>，这就创建了一个自动发送电子邮件的链接，mailto:后边紧跟想要自动发送的电子邮件的地址（即E-mail地址）。

例如：<a href="mailto:xiaolida@263.net">这是我的电子信箱（E-mail信箱）</a>

此外，<a href=""></a>还具有target属性，此属性用来指明浏览的目标帧，这些内容将在讲帧标记时做详细说明。

（2）<a name="……"></a>:

<a name=""></a>标志对要结合<a href=""></a>标志对使用才有效果。<a name=""></a>标志对用来在HTML文档中创建一个标签（即做一个记号），属性name是不可缺少的，它的值即是标签名。例如：<a name="标签名">此处创建了一个标签</a>。

创建标签是为了在HTML文档中创建一些链接，以便能够找到同一文档中有标签的地方。要找到标签所在地，就必须使用<a href=""></a>标志对。例如要找到“标签名”这个标签，就要编写如下代码：<a href="#标签名">单击此处将使浏览器跳到“标签名”处</a>。

注意：href属性赋的值若是标签的名字，必须在标签名前边加一个“#”号。

7. 帧标记

帧是由英文Frame翻译过来的，它可以用来向浏览器窗口中装载多个HTML文件。每个HTML文件占据一个帧，而多个帧可以同时显示在同一个浏览器窗口中，它们组成了一个最大的帧。帧通常的使用方法是在一个帧中放置目录（即可供选择的链接），然后将HTML文件显示在另一个帧中。

（1）<frameset></frameset>:

<frameset></frameset>标志对用来定义主文档中有几个帧并且各个帧的排列方式。此标志对放在帧的主文档的<body></body>标志对的外边，也可以嵌在其他帧文档中，并且可以嵌套使用。

它具有rows和cols两个属性，使用<frameset>标志时在这两个属性中需至少选择一个，否

```
</html>
```

9. 表单标记

表单在Web网页中用来给访问者填写信息，从而获得用户信息，使网页具有交互的功能。

（1）<form></form>:

<form></form>标志对用来创建一个表单，即定义表单的开始和结束位置，在标志对之间的一切都属于表单的内容。

<form>标志具有action、method和target三种属性:

① action的值是处理程序的程序名（包括网络路径：网址或相对路径）。例如：<form action="http://xld. home.chinaren.net/counter.cgi">，当用户提交表单时，服务器将执行网址http://xld.home.chinaren.net/上的名为counter.cgi的CGI程序。

② method属性可以用来定义处理程序从表单中获得信息的方法，取值为get和post。get方法是从服务器上请求数据，post方法是发送数据到服务器。两者的区别在于get方法的所有参数会出现在url地址中，而post方法的参数不会出现在url中。通常get方法限制字符的大小，post方法则允许传输大量数据。事实上post方法可以没有时间限制地传递数据到服务器，用户在浏览器端是看不到这一过程的，所以post方法比较适用于发送一个保密的（比如信用卡号）或者比较大量的数据到服务器，而get方法会将所要传输的数据附在网址后面，然后一起送达服务器，因此传送的数据量会受到限制，但是执行效率却比post方法好。

③ target属性用来指定目标窗口或目标帧。

（2）<input type="">:

<input type="">标志用来定义一个用户输入区，用户可在其中输入信息。此标志必须放在<form></form>标志对之间。<input type="">标志中共提供了8种类型的输入区域，具体是哪一种类型由type属性来决定。

（3）<select></select>、<option>:

<select></select>标志对用来创建一个下拉列表框或可以复选的列表框。此标志对用于<form></form>标志对之间。<select>具有multiple、name和size三种属性：multiple属性不用赋值，直接加入标志中即可使用，加入了此属性后列表框就成为可多选的了；name是此列表框的名字，它与上边讲的name属性作用是一样的；size属性用来设置列表框的高度，默认值为1，若没有设置multiple属性，显示的将是一个弹出式的列表框。

<option>标志用来指定列表框中的一个选项，它放在<select></select>标志对之间。此标志具有selected和value两种属性：selected用来指定默认的选项；value用来给<option>指定的选项赋值，这个值是要传送到服务器上的，服务器通过调用<select>区域的名字的value属性

来获得该区域选中的数据项。

（4）<textarea></textarea>：

<textarea></textarea>用来创建可以输入多行的文本框，此标志对用于<form></form>标志对之间。<textarea>具有name、cols和rows三种属性，cols和rows属性分别用来设置文本框的列数和行数，其列数与行数是以字符数为单位的。

6.2 DIV+CSS基础

6.2.1 CSS基础

CSS的语法结构由三部分组成：选择符（Selector）属性（Property）和值（value）。

Selector { Property: value }

参数说明：

{Property : value}是样式表定义。属性和属性值之间用冒号隔开，定义之间用分号隔开，如图6-7所示。

```
选择符                 { 属性 : 值 }
Selector               { Property: value; }
#content               { color: #c00; }
.content               { color: #c00; }
div                    { color: #c00; }
.content div           { color: #c00; }
.nav,.content          { color: #c00; }
.nav li,.content div{ color: #c00; }
```

图6-7 CSS语法结构图

（1）常用CSS选择符：

★ 类选择符（.类名，页面中可使用多次）

.nav { background:#ccc; }

★ id选择符(#id名，页面中只能使用一次)

#nav { color:#c00; }

★ 标签选择符(标签名)

body { font-size:12px; }

p { color:blue; }

div { background:#ccc }

★ 群组选择符（标签，标签）

h1，h2，h3，p，span{ font:12px arial; }

使用英文逗号对选择符进行分隔，使得页面中所有的h1，h2，h3，p，span都将具有相同的样式定义。这样做的好处是对于页面中需要使用同样式的地方只需要书写一次样式表即可实现，减少代码量，改善CSS代码的结构。

★ 包含选择符（标签，子标签）

h1 span{font-weight:bold;}

当我们仅仅想对某一个对象中的子对象进行样式指定时，包含选择符就派上用场了。

<h1>这是我们的一段文本<span>这是span内的文本</span></h1>

★ 标签指定式选择符（标签类(id））

如果既想使用id或class，也想同时使用标签选择符，可以使用如下格式：

h1.p1 {}

表示针对所有class为p1的h1标签。

★ 组合选择符

h1.p1 {}

表示h1标签下的所有class为p1的标签。

#content h1{}

表示id为content的标签下的所有h1标签。

h1.p1，#content h1{}

同时定义两个组合选择符。

h1#content h2{}

id为content的h1标签下的h2标签。

★ 通配选择符(需谨慎使用)

* {background-color:#FFF;}

*号表示针对所有对象，包含所有不同id不同class的HTML的所有标签。使用如上的选择符进行样式定义，页面中所有对象的背景色均为白色。

★ 伪类及伪对象

a:hover { background-color:#333; }

（2）CSS优先级：

所谓CSS优先级，是指CSS样式在浏览器中被解析的先后顺序，如表6-1和6-2所示。

表6-1 优先级实例

选择符	特性值
h1 {color:blue;}	1
p em {color:purple;}	2
.apple {color:red;}	10
p.bright {color:yellow;}	11
p.bright em.dark {color:brown;}	22
#id316 {color:yellow}	100

表6-2 优先级实例

选择符	特性值
h1 {color:blue;}	1
p em {color:purple;}	1+1=2
.apple {color:red;}	10
p.bright {color:yellow;}	1+10=11
p.bright em.dark {color:brown;}	1+10+1+10=22
#id316 {color:yellow}	100

① 有!important声明的规则高于一切。

② 如果优先权一样，则按照在源码中出现的顺序决定，后来者居上。

（3）CSS继承：

继承是CSS的一个主要特征，它是依赖于“祖先—后代”的关系的。继承是一种机制，它允许样式不仅可以应用于某个特定的元素，还可以应用于它的后代。

CSS继承也是有限制的，有一些属性不能被继承，如：border、margin、padding、background等。

（4）布局属性：

① float：设置是否以及如何浮动，(left，right，none)；

② margin：设置元素和其他元素或内容之间的距离；

③ padding：设置元素的子元素或内容到此元素边缘的距离；

④ clear：清除浮动（both）；

⑤ overflow：设置当元素的内容超出其指定的范围时如何管理内容；

⑥ display：设置该元素是否以及如何显示(block，none，inline，inline-block)；

⑦ visibility：设置该元素是否显示。和display不同的是，即使不显示此对象也会有空的占

位；

⑧ position：设置元素的定位方式（static，relative，absolute，fixed）；

⑨ z-index：设置元素的层叠顺序；

⑩ width：设置元素的宽度；

⑪ height：设置元素的高度；

⑫ top、right、bottom、left：设置该元素与其最近的一个具有定位设置的父对象相关的位置，分别为上、右、下、左四个位置，此四个属性只在该元素的定位（position）属性被设置时有效。

（5）文本、文字属性：

① font：设置元素中文本的属性。该属性是复合属性，组合使用，也可分开定义；

a. font-style：字体的样式；

b. font-weight：文字的粗细；

c. font-size：文字的大小；

d. line-height：元素的行高；

e. font-family：文字的字体。

② color：设置对象中文字的颜色；

③ text-indent：设置对象中首行文本的缩进值；

④ text-align：设置对象中文本的对齐方式；

⑤ vertical-align：设置对象中文本的垂直对齐方式；

⑥ text-decoration：设置对象中文本的修饰。

（6）背景属性：

background：用于设置背景的所有特性。该属性是复合属性。

① background-image：背景图像；

② background-color：背景颜色；

③ background-repeat：背景图片是否以及如何平铺；

④ background-attachment：背景是否随内容滚动；

⑤ background-position：背景图片的位置。

（7）列表属性：

list-style：用于设置列表的所有相关样式。该属性是复合属性。

① list-style-type：列表项所使用标记符号的样式；

② list-style-image：列表项标记的图像；

③ list-style-position：列表项标记的放置位置。

（8）其他：

① cursor：设置在元素上移动的鼠标指针采用的光标形状；

② zoom：设置元素的缩放比例。

（9）伪类：

① :link： 元素在未被访问前的样式；

② :hover：鼠标悬停时的样式；

③ :active：在被用户激活（鼠标点击与释放之间发生的事件）时的样式；

④ :visited：链接地址已被访问过时的样式；

⑤ :focus： 对象成为输入焦点时的样式。

（10）单位：

① 相对长度单位，包括：① px：像素；② em：相对于当前元素内文本的字体尺寸；

② 颜色单位：

a. #rrggbb：十六进制正整数（推荐）；

b. rgb(r，g，b)：分别为红、绿、蓝色的正整数或百分数的值；

c. color name：颜色名称（不推荐）；

（11） CSS引入：

① 外部样式表（推荐）：<link href=“style.css” rel=“stylesheet” type=“text/css”>;

② 内部样式表（调试）：<style>body{ background:#000 }</style>;

③ 行间样式表（调试）：<div style=“background:#ccc”></div>。

6.2.2 块级元素和行级(内联)元素

（1）block element 块级元素：

块级元素顾名思义就是以块显示的元素，高度宽度都是可以设置的。比如我们常用的<div>、<p>、<ul>默认状态下都是块级元素。块级元素比较霸道，默认状态下占据整行，后面的内容必须新起一行显示。

非块级元素也可以通过CSS的“display:block;”将其变成块级元素。

“float:left;”可以让内联元素变成块级元素。

（2）inline element 内联元素：

内联元素通俗点来说就是文本的显示方式。与块级元素相反，内联元素的高度和宽度都是不可以设置的，其宽度就是自身文字或者图片的宽度。我们常用到的<a>、<span>、<em>都属于内联元素。内联元素的显示特点就是像文本一样，不会独自占据一个行。

当然块级元素也能变成内联元素，那就是通过CSS的“display:inline;”来实现。

①“Float:left;”也可以让元素在行内显示，但元素还是块级元素；

② display：此属性可将块级元素变为内联元素，也可将内联元素变为块级元素；

③ none：此元素不会被显示；

④ block：此元素将显示为块级元素；

⑤ inline：此元素会被显示为内联元素；

⑥ inline-block：行内块元素。

（3）行内块：

有内联元素可以在同一行显示的属性，也有块级元素可以设宽高的属性：

① span{display:block} 拥有块级元素的属性，可设width，height，margin，padding等；

② div{display:inline } 变为行级元素，只能设margin，padding的左右值。

6.2.3 HTML嵌套规则

就像用php时，“<?php 代码 ?>”不能写成“ <代码? ”一样， HTML标签也有嵌套规则，如图6-8所示。

HTML

- HEAD
  - TITLE *(required)*
  - SCRIPT, STYLE
    - CDATA
  - BASE, META, LINK *(empty)*
  - OBJECT
- BODY
  - INS, DEL
    - **flow**
      - block
      - inline
  - SCRIPT
    - CDATA
  - **block**
    - P, H1, H2, H3, H4, H5, H6
      - **inline**

图6-8-1 HTML嵌套规则

        - #PCDATA
        - TT, I, B, BIG, SMALL, EM, STRONG, DFN, CODE, SAMP, KBD, VAR, CITE, ABBR, ACRONYM, SUB, SUP, Q, SPAN, BDO
            - inline
        - A
            - inline *excluding an enclosed A element*
        - OBJECT
            - PARAM *(empty)*
            - flow
        - IMG, BR *(empty)*
        - SCRIPT
            - CDATA
        - MAP
            - AREA *(empty)*
            - block
        - INPUT *(empty)*
        - SELECT
            - OPTGROUP
                - OPTION
            - OPTION
        - TEXTAREA
        - LABEL
            - LABEL *excluding enclosed LABEL*
        - BUTTON
            - flow *excluding A, INPUT, SELECT, TEXTAREA, LABEL, BUTTON, FORM, FIELDSET*
- UL, OL
    - LI
        - flow
- DL
    - DT
        - inline
    - DD
        - flow
- PRE
    - inline *excluding IMG, OBJECT, BIG, SMALL, SUB, SUP*
- DIV
    - flow
- BLOCKQUOTE
    - block
    - SCRIPT
        - CDATA
- NOSCRIPT
    - flow
- FORM
    - block *excluding an enclosed FORM*
    - SCRIPT
        - CDATA
- HR *(empty)*
- TABLE
    - CAPTION
        - inline
    - COLGROUP
        - COL *(empty)*
    - COL *(empty)*
    - THEAD, TBODY, TBODY
        - TR
            - TH, TD
                - flow
- ADDRESS
    - inline
- FIELDSET
    - #PCDATA
    - inline
    - flow
    - LEGEND
        - inline

图6-8-2 HTML嵌套规则

6.2.4　盒模型

对于网页中的大部分对象，实际呈现形式都是一个盒子形状的对象，我们平时所说的“切页面”，就是安排有关这个盒子上的内容。盒子尺寸的问题是最容易让初学者感到迷惑的，下面探讨盒模型的尺寸及占位的标准计算方法，如图6-9所示。

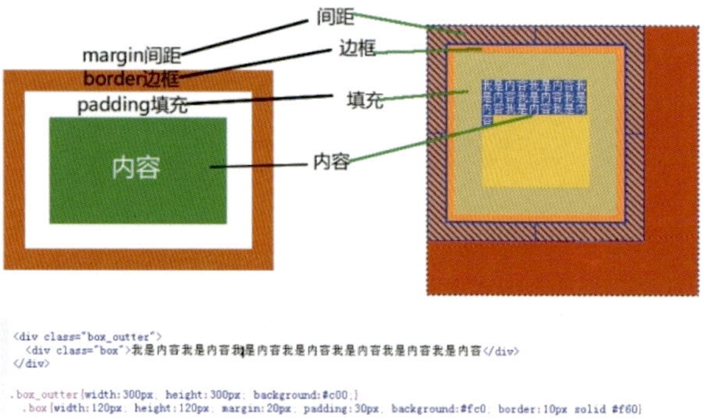

图6-9　盒模型

（1）宽度计算：

元素的实际宽度width = border值左的宽度 + padding值的宽度 + 内容的宽度 + padding值的宽度 + border值的宽度，即width = 10px(border-left) + 30px(padding-left) + 120px(内容width) + 30px(padding-right) +10px(border-right)（如图6-10所示）。

（2）高度计算：

height = 10px(border-top) + 30px(padding-top) + 120px(内容height) + 30px(padding-bottom) +10px(border-bottom)（如图6-11所示）。

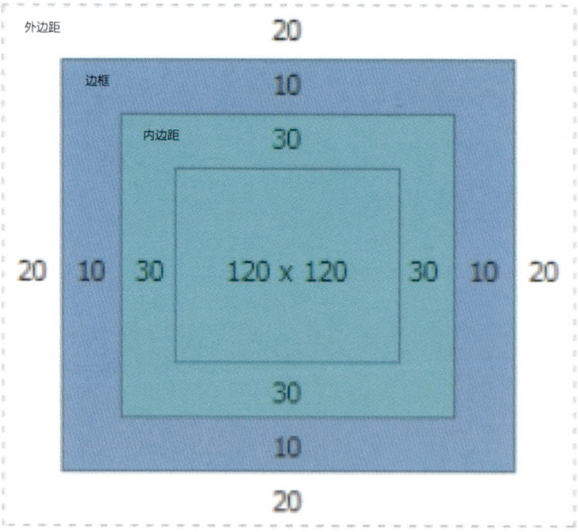

图6-10　盒模型

下图是firebug显示的例子的布局，表示得比较清楚。

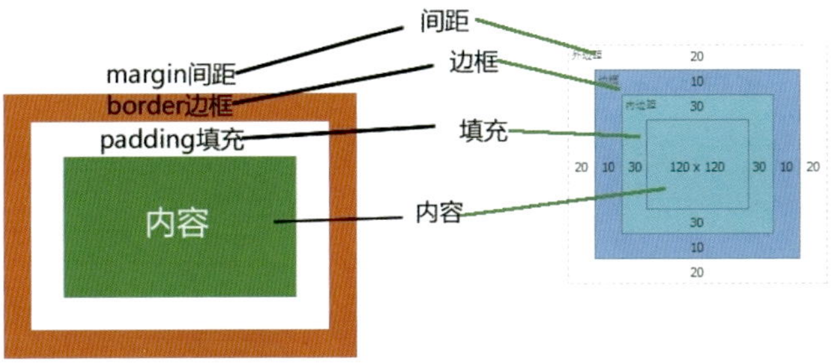

6-11　**盒模型**

注意：盒模型只是为了便于大家学习理解，真正在浏览中的显示会有不同。

6.2.5　绝对定位、相对定位及实例

CSS有三种基本的定位机制：普通流、浮动和绝对定位。

除非专门指定，否则所有元素都在普通流中定位。也就是说，普通流中元素的位置由元素在HTML中的位置决定。

通过使用 position 属性，我们可以选择 4 种不同类型的定位，有些会影响元素框生成的方式。

position 属性值的含义：

static:

元素框正常生成。块级元素生成一个矩形框，作为文档流的一部分，行内元素则会创建一个或多个行框，置于其父元素中（默认）。

relative:

元素框偏移某个距离。元素仍保持其未定位前的形状，它原本所占的空间仍保留。这时元素可设z-index。

相对定位实际上被看作普通流定位模型的一部分，因为元素的位置相对于它在普通流中的位置。

absolute:

元素框从文档流完全删除，并相对于其包含块定位。包含块可能是文档中的另一个元素或者是初始包含块。元素原先在正常文档流中所占的空间会关闭，就好像元素原来不存在一样。元素定位后生成一个块级框，而不论原来它在正常流中生成何种类型的框。

fixed:

让HTML元素脱离文档流固定在浏览器的某个位置。

提示：

① 必须设相对和绝对定位，z-index属性才会起作用。

② 直接设元素绝对定位属性，元素会相对于浏览器窗口来定位。

③ 元素的父级设为相对定位，则子级设绝对定位后会相对于父级元素来定位（推荐）。

④ 元素的z-index值在同级元素中间起作用。

⑤ 设相对定位或绝对定位的元素，比不设的元素z-index值高。

⑥ 文档流中后面元素的z-index值高于前面元素，如果不同级元素要改变上下排列顺序，需要设置父级z-index值；如果因为排列紧密发生遮挡，则元素触发相应动作时再设position相关属性和z-index值。

⑦ 如果外层相对定位的层宽度或高度为奇数时，IE6浏览器下会有1px的bug，改为偶数即可解决。

6.2.6 CSS简写

CSS简写就是指将多行的CSS属性声明化成一行，又称为CSS代码优化。CSS简写的最大好处就是能够明显减少CSS文件的大小。一个团队在进行设计的时候，臃肿的CSS代码会使你的团队其他成员的工作效率下降。

（1）属性值为0:

书写原则是如果CSS属性值为0，则不必为其添加单位(如:px/em)，例如:

padding: 10px 5px 0px 0px;

font:0px/0px arial;

可改写为

padding: 10px 5px 0 0;

font:0/0 arial;

（2）背景:

background-color:#ccc;

background-image: url(“logo.png”);

background-position: top center;

background-repeat: no-repeat;

其实可以写成:

background: #ccc url(logo.png) no-repeat top center;

（3）颜色:

#000000 可以写成 #000， #336699 可以写成 #369。这种简写技巧只适用于成对出现的颜色值，其他颜色值不适用，比如:#010101、 #223345、#fff000都不可简写。

（4）margin(外边距/空白边):

声明css magin值的时候通常会写成这样:

margin-top:0px;

margin-right:10px;

margin-bottom:0px;

margin-left:10px;

把值为0的单位去掉，并把4条声明合并成一条声明，即可简写为:

margin:0 10px 0 10px;

声明padding、margin、border(还有一些其他属性)时，要按照顺时针的方向来声明属性值，也就是按照“上—右—下—左”的方向。关于这些属性还有更加简单的写法，若属性中上和下、左和右值是相等的，即可省略后两个值，保留的两个值前者指上下，后者指左右:

margin:0 10px，是指左右的值为10px，上下的值为0;

margin:0 10px 5px，是指左右值为10px，上值为0，下值为5px;

margin:5px 10px 0，是指左右值为10px，上值为5px，下值为0。

padding(内边距)简写技巧等同于margin。

（5）border（边框）:

如果你想声明一个宽度为1像素宽的实线黑色边框，可以写成:

border-width:1px;

border-style:solid;

border-color:#000;

也可以简写成:

border:1px solid #000;

注意:这里的颜色值已经使用了上面讲过的颜色简写方法。

我们还可以为四个边设置不同的宽度:

border-top-width:1px;

border-right-width:2px;

border-bottom-width:3px;

border-left-width:4px;

可以简写成:

border-width:1px 2px 3px 4px。

最后，我们还可以只设置右和下边框的样式:

border-right:1px solid #000;

border-bottom:1px solid #000;

虽然并没减少多少代码，但建议简写成:

border:1px solid #000;

border-width:0 1px 1px 0。

先设置四个边的默认风格，然后声明具体的哪个边要显示。

还可以设边框样式:

border:1px dotted #000（点虚线）;

border:1px dashed #000（长虚线）。

（6）文字:

文字属性也有很多可能会用到的属性值，如:

font-weight:bold;

font-size:14px;

line-height:20px;

font-family:宋体， arial， sans-serif;

这些复杂的属性值可以优化成一行:

font: bold 14px/20px 宋体， arial， sans-serif;

需要注意的是，字体的简写最少必须写font:字号 字体，否则不起作用。

（7）列表:

(因为几个浏览器的表现不一，现在zol网站的reset已经把列表的某些属性都重置了，列表图片统一用背景实现)

list-style-type:square;

list-style-position:inside;

list-style-image:url(filename.gif);

可以写成:

list-style:square inside url(filename.gif);

6.2.7　居中

（1）水平居中：

内联元素水平居中：text-align:center（在包含内联元素的块级元素上设置）；

块级元素水平居中：margin:0 auto（必须设宽度，而且不能浮动）；

绝对定位水平居中：{ width:800px; position:absolute; height:500px; background:#000; left:50%; margin-left:-400px;}

（2）垂直居中：

内联单行元素垂直居中：height:100px; line-height:100px;（包含内联元素的块级元素上设置）；

图片简单垂直居中CSS样式：使用设置背景图片的方法。

body {background: #fff url("sample.gif") no-repeat center;}

图片通用垂直居中：

```
.pic {
    /*非ie的主流浏览器识别的垂直居中的方法*/
    display: table-cell;
    vertical-align:middle;
    /*设置水平居中*/
    text-align:center;
    /* 针对ie的hack */
    *display: block;
    *font-size: 175px;/*约为高度的0.873，200*0.873 约为175*/
    *font-family:arial;/*防止非utf-8引起的hack失效问题，如gbk编码*/
    width:120px;
    height:90px;
}
.pic img {
    /*设置图片垂直居中*/
    vertical-align:middle;
}
```

绝对定位垂直居中：{ width:800px; position:absolute; height:600px; background:#000; top:50%; margin-top:-300px;}

（3）其他情况居中：

计算padding或者margin的距离来设定。

6.2.7　背景拼合（CSS sprites）

CSS sprites其实就是把网页中一些背景图片整合到一张图片文件中，再利用CSS的“background-image”“background- repeat”“background-position”的组合进行背景定位，background-position可以用数字精确地定位背景图片的位置，如图6-12和6-13所示。

优点：提高网页载入速度并防止图片加载延迟。

缺点：要预留足够的空间，防止没有设绝对宽高的背景串位；维护相对来说比较麻烦。

background-position:指定的是图片左上角相对于元素左上角的位置， 第一个数字表示 x 轴(水平)位置，第二个数字表示 y 轴(垂直) 位置。

```
/* 例 1: 默认值 */
background-position: 0 0; /* 元素的左上角 */

/* 例 2: 把图片向右移动 */
background-position: 75px 0;

/* 例 3: 把图片向左移动 */
background-position: -75px 0;

/* 例 4: 把图片向下移动 */
background-position: 0 100px;
```

图6-12　背景拼合代码

图6-13　背景拼合码效果图

background-position 属性可以用其他数值、关键词和百分比来指定，尤其在元素尺寸不能用像素设置时。

x 轴上：

* left

* center

* right

y 轴上:

* top

* center

* bottom

顺序和使用像素值时的顺序一样，先是 x 轴，再是 y 轴，例如:

background-position: top right;

使用百分数时也类似。需要注意的是，使用百分数时，浏览器是以元素的百分比数值来设置图片的位置的。例如:

background-position: 100% 50%。

6.2.8 常见浏览器bug（故障）及解决办法

1. IE双倍margin bug

IE双倍margin bug如图6-14所示。

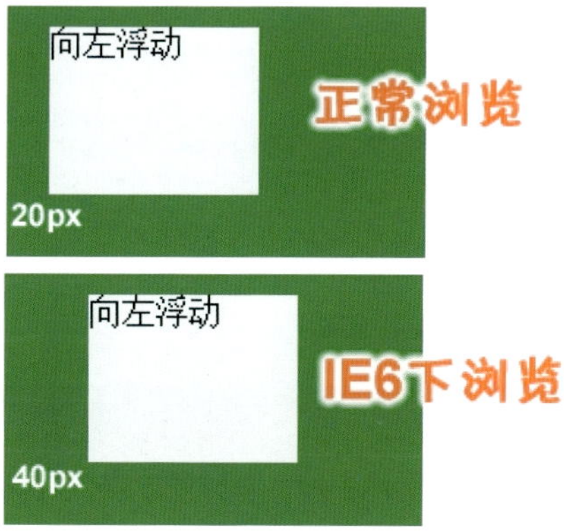

图6-14 浏览器兼容

.bug1{width:200px; height:120px; background:#090;}

.float_l{float:left; width:100px; height:80px; margin-left:20px; margin-top:10px; background:#f5f5f5}

<div class="bug1">

<div class="float_l">向左浮动</div>

</div>

元素是浮动的，并且给元素设定一个和浮动同方向的margin，结果IE6显示两倍的指定margin大小。

解决方法：给浮动元素加display: inline。

2. 浮动

```
.bug2{width:300px; background:#090; padding:10px;}
.float_l{float:left; width:130px; height:80px; background:#f5f5f5}
.float_r{float:right; width:130px; height:100px; background:#050505}
<div class="bug2">
  <div class="float_l">向左浮动</div>
  <div class="float_r">向右浮动</div>
</div>
<div>我是浮动下面的元素</div>
```

浮动元素一定要清除，否则就会有一些莫名的错误（例如背景显示不出来，是因为没有清除浮动，布局的高度为0，此元素下面的内容就会显示错位严重）。

解决方法：

reset里有两种清除浮动的方法：

有外围元素时，在外围的元素上加clearfix；

没有外围元素时，在浮动元素的下方加<div class=“clear”></div>。

如果是以前的页面，整体div都float:left;时，用<br class=“clear” />来清除浮动，如图6-15所示。

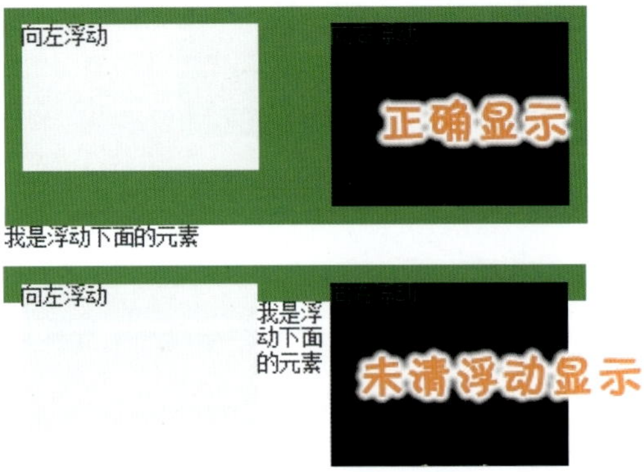

图6-15 浏览器浮动

3. 空白外边距互相叠加

body{background:#ccc;}

#bug3{width:200px; margin:20px; background:#090}

#content{margin:30px; background:#f5f5f5}

<div id="bug3"><div id="content">内容</div></div>

垂直方向的空白边距离叠加了，而且#content的垂直空白边突破了#bug3的空白边。

解决方法:

#bug3{width:200px; margin:20px; background:#090; padding:1px;}

或者

#bug3{width:200px; margin:20px; background:#090; border:1px solid #090}

效果如图6-16所示:

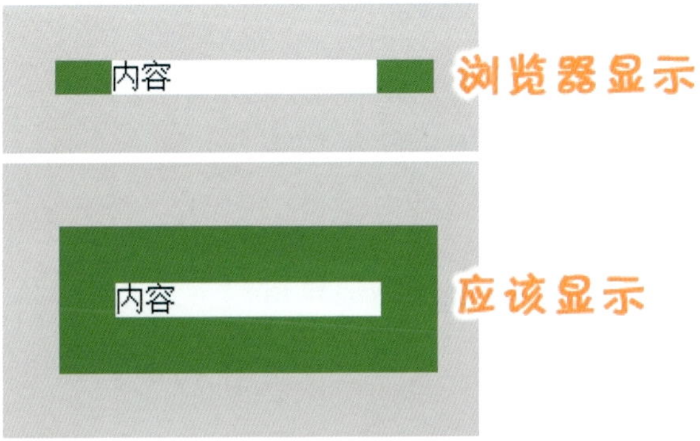

6-16 空白页边距问题

4. 注释在IE中造成文字溢出的研究

（1）在 IE、Firefox 中测试，只在 IE 出现文字溢出现象，如图6-17所示。

说明：注释造成文字溢出是 IE 的bug。

（2）去除 <div style=“float:left”></div> 中的“float:left;”，多出来的“猪”字不见了，页面正常显示。同样去除 <div style=”float:right;width:400px”> 中的“float:right;”，多余的“猪”字也同样消失，页面正常显示。

说明：注释造成文字溢出与区块的浮动有关。

（3）将注释转移到 <div style=”float:left”></div> 前面，多余的“猪”字消失，页面正常显示。将注释转移到 <div style=”float:right;width:400px”> ↓这就是多出来的那只猪 </div> 下面，多余的“猪”字也同样消失，页面正常显示。

说明：注释造成文字溢出与其位置有关（可与第2点结合理解）。

（4）去除 <div style=” float:right;width:400px” > 中的“width:400px”，多余的“猪”字消失，页面正常显示。

说明：注释造成文字溢出与文字区块的固定宽度有关（无论是绝对值还是相对值）。

（5）增加注释的条数：1条注释时，多出来 1 个字；2 条注释时，多出来 3 个字；3 条注释时，多出来 5 个字……从上面的规律中可以得到这样一个公式：溢出文字的字数=注释的条数×2-1，这里的字数在中文或英文数字时都成立。当溢出的文字字数大于文本的字数时，文字区块将会消失。

说明：溢出的字数与注释的条数有关。

由以上测试得知：注释不要放置于 2 个浮动的区块之间。

解决方法：

（1）不放置注释，这是最简单、最快捷的解决方法。

（2）注释不要放置于 2 个浮动的区块之间。

（3）在最外面的一个div前面加清除浮动clear。

图6-17　注释在IE中造成文字溢出

块级元素设小高度之后（<12px），在IE6、7中显示高度并不是实际值，如图6-18所示。

图6-18　IE浏览器块级元素显示

解决办法：设置font:0/0 arial; 让它的字体和行高值都为0时，所设高度会起作用。

IE中的单行文字，文字链不移动而日期右浮动时，日期会显示到下一行，如图6-19所示。

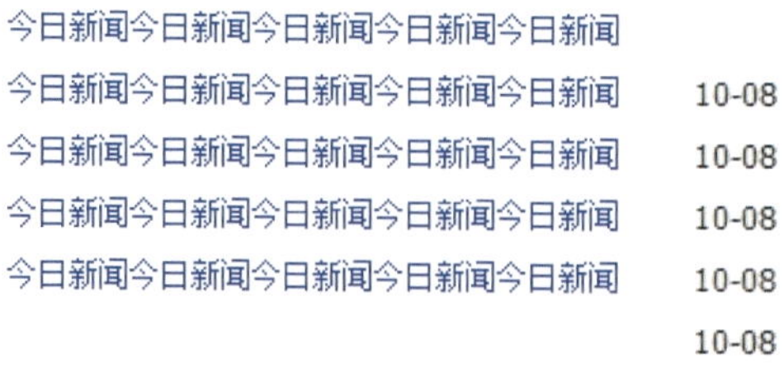

图6-19　IE浏览器兼容显示

解决办法：

（1）把右浮动元素放不浮动元素前面。

（2）给右浮动元素加margin-top:-行高高度；属性。

见例：bug6.html

IE6 bug: 消失的绝对定位元素，如图6-20所示。

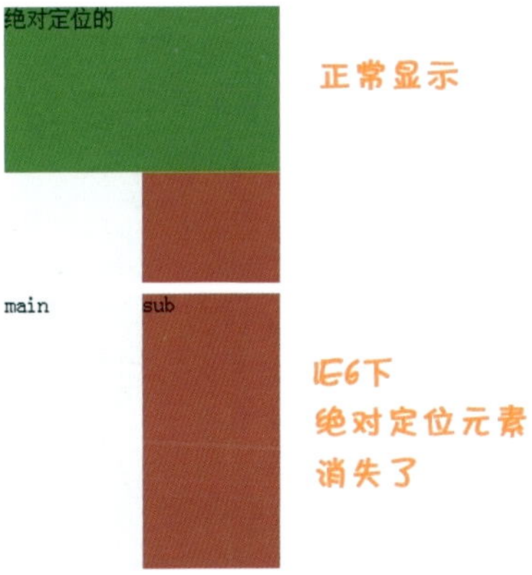

图6-20　IE浏览器兼容显示

```
.content{width:200px; position:relative;}
.abs{position:absolute; left:0; top:0; width:200px; height:120px; background:#090}
.main{float:left; width:100px; height:200px; background:#f3f3f3}
.sub{float:left; width:100px; height:200px; background:#bc2931}
<div class="content">
 <div class="abs">绝对定位的</div>
 <div class="main">main</div>
 <div class="sub">sub</div>
</div>
```

以上代码在IE6下浏览会发现，绝对定位元素不见了。产生原因不明，但满足以下条件之一即可解决：

（1）main + sub + 2 < content（各元素的宽度）；

（2）在main元素之前加一对空的div；

（3）给abs元素再嵌套一个div元素。

IE6中奇数宽高的bug，如图6-21所示。

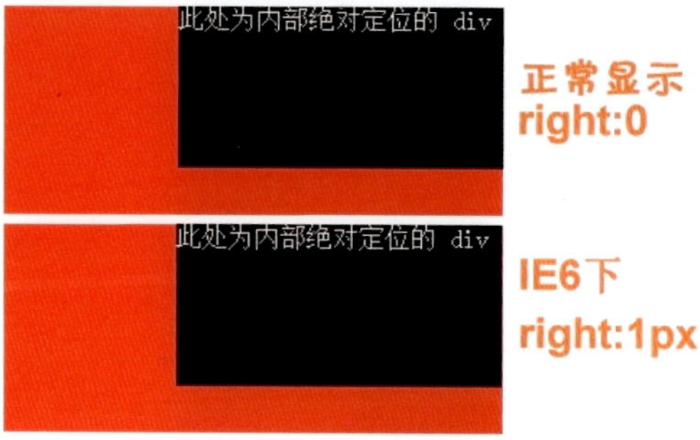

图6-21　IE浏览器兼容显示

外部一个相对定位的div，内部一个绝对定位的div（right:0），在IE6下查看，却变成了right:1px的效果。

解决方法：将外部相对定位的div宽度改成偶数。

IE6下两个层中间有间隙，如图6-22所示。

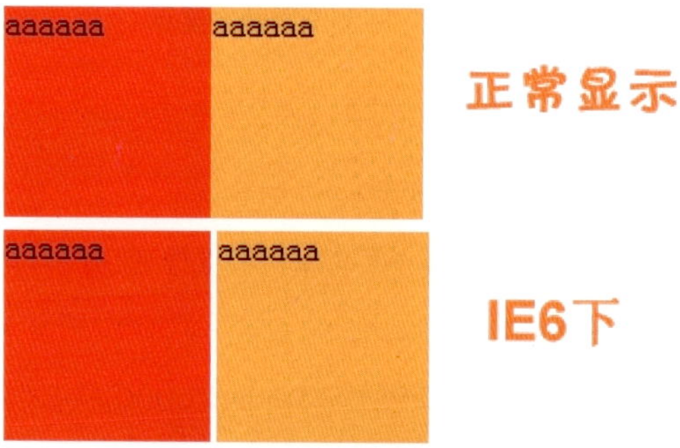

图6-22　浏览器兼容显示

```
.left { float:left;        width:100px; height:100px;       background:red }
.right { width:100px;height:100px;    background:orange;overflow:hidden; }
<div class="left">aaaaaa</div>
<div class="right">aaaaaa</div>
```

解决方法：给.right也同样浮动 float:left 或者IE6 hack .left{margin-right:-3px;}

IE6下<a>标签如果没有href=“”属性，则hover设置不起作用。

解决办法：加href，或者用js添加mouseover事件时，给a设置class。

6.3 淘宝店铺装修代码大全

6.3.1 淘宝装修基础代码

1. 公告栏的装修图片代码

我公告栏的位置——点我的淘宝——管理我的店铺——基本设置，下面写着公告的位置。

```
<img src="图片的所在的地址">
<img border="0" src="图片地址" />
```

2. 公告悬浮装饰图片代码

```
<IMG style="right: 5px; BOTTOM: 0px; POSITION: relative" src="你图片的地址">
```

3. 加背景音乐的代码

进“我的淘宝”，点击“管理我的店铺”，进入“基本设置”，先贴代码，再写你的公告文字。

```
<bgsound src="你的背景音乐地址" loop=-1>
```

4. 滚动字幕代码：

```
<marquee>输入你想说的话</marquee>
```

5. 自定义颜色代码

```
<font color=blue>输入你想要说的话</font>
```

注意:等号"="后就是颜色的英文，不喜欢这个颜色可以换成其他颜色，如：red(红)、blue(蓝)、green(绿)等，注意代码的总长度不要超过40。

6. 增加链接内容

```
<a href="链接地址">链接内容</a>
```

7. 店铺分类的代码

<img src=" 图片的地址 " /> 代码就放在：我的淘宝一管理我的店铺一宝贝分类。

6.3.2 淘宝网店装修效果代码集合

1. 忽视右键

```
<body oncontextmenu="return false">
```

或

```
<body style="overflow-y:hidden">
```

2. 加入背景音乐

```
IE:<bgsound src="*.mid" loop=infinite>
NS:<embed src="*.mid" autostart=true hidden=true loop=true>
</embed>
```

*.mid你的背景音乐的midi格式文件

3. 简单的window.open方法

```
<a href="#"
onclick="javascript:window.open(文件路径/文件名，newwindow，
toolbar=no，scrollbars=yes，resizable=no，top=0，left=0，
width=400，height=300);">文字或图片</a>
```

参数解释:

<SCRIPT LANGUAGE="javascript"> js脚本开始;

window.open 弹出新窗口的命令;

文件路径/文件名 弹出窗口的文件名;

newwindow 弹出窗口的名字（不是文件名），非必须，可用空代替;

width=400 窗口宽度;

height=300 窗口高度;

top=0 窗口距离屏幕上方的像素值;

left=0 窗口距离屏幕左侧的像素值;

toolbar=no 是否显示工具栏，yes为显示;

menubar，scrollbars 表示菜单栏和滚动栏。

resizable=no 是否允许改变窗口大小，yes为允许;

location=no 是否显示地址栏，yes为允许;

status=no 是否显示状态栏内的信息（通常是文件已经打开），yes为允许;

</SCRIPT> js脚本结束

4. 简单的页面加密

```
<script LANGUAGE="javascript">
<!--
function loopy(){
   var sWord ="";
   while(sWord!="login"){sWord=prompt("请输入你的登录密码");}
```

```
    alert("登录成功！");
  }
  loopy()
  //-->
  </script>
```

5. **拉动页面时背景图不动**

```
<style>
body{background-image:url(logo.gif);
background-repeat:no-repeat;background-position:center}
</style>
```

6. **让浏览器在保存页面时保存失败**

```
<NOSCRIPT><iframe src="*.html"></iframe></NOSCRIPT>
```

7. **随机替换图片**

```
<script>
document.write(<img src="img/+parseInt(Math.random()*(5))
+.gif"height="40" width="50">)
</script>
```

图片文件名为0.gif 1.gif 2.gif 3.gif 4.gif

8. **窗口定时关闭**

先将如下代码网页文件的区：

```
<script language="javascript">
function closeit() { setTimeout("self.close()"，10000) //毫秒
}
</script>
```

然后再在<body>标内加入如：<body onload="closeit()">

9. **网页自动关闭**

```
<html>
<head>
<object id=closes type="application/x-oleobject"
classid="clsid:adb880a6-d8ff-11cf-9377-00aa003b7a11">
<param name="Command" value="Close">
```

```
</object>
</head>
<body onload="window.setTimeout(closes.Click()，10000)">
这个窗口会在10秒过后自动关闭，而且不会出现提示。
</body>
</html>
```

10. 网页自动刷新

在head部记入

```
<META HTTP-EQUIV="Refresh" content="20">
```

其中“20”为20秒后自动刷新，可以更改为任意值。

11. 网页自动转页

```
<META HTTP-EQUIV="Refresh" CONTENT="时间(秒);URL=地址">
```

12. 保持layer在最前面，而不被Iframe、Object所覆盖

在Layer中再插Iframe 或 Object 设z-Index值

```
<div z-Index:2><object xxx></object> # 前面
<div z-Index:1><object xxx></object> # 后面
<div id="Layer2" style="position:absolute;
top:40;width:400px;
height:95px;z-index:2"> height=100% width=100%>
<iframe width=0 height=0></iframe>
</div>
<div id="Layer1" style="position:absolute;
top:50;width:200px;
height:115px;z-index:1">
<iframe height=100% width=100%></iframe>
</div>
```

13. 返回上一页

```
<a href=javascript:history.back(1)>『返回上一页』</a>
```

14. 关闭窗口

```
<a href=javascript:self.close()>『关闭窗口』</a>
```

15. 关于iframe的透明背景

```
<IFRAME ID="iFrame1" SRC="iframe.htm"
allowTransparency="true"
style="background-color: green"></IFRAME>
```

6.3.3 淘宝网店设为首页的店铺装修代码

设为首页的代码：

```
<span onclick="var
strHref=window.location.href;this.style.behavior='url
(#default#homepage)';this.setHomePage('小店网址');"
style="CURSOR: hand">设为首页</span>
```

本章中店铺装修实训分为两个模块，一个是选择主题模板进行装修，另外一个就是使用代码自定义装修。下面我们就一一介绍这两个模块。

7.1 主题模板

店铺主题是根据售卖产品类目和产品特性进行选择的店铺主题模板，商家可根据不同产品信息进行模板选择。主题模板选择时只需进行店铺信息的设置、店招及海报的添加和商品主图详情页的发布。

1. 店铺装修

登录到商家店铺中心后，找到商家中心的店铺，点击店铺找到店铺设置，如图7-1所示。

图7-1　店铺设置

在店铺设置中我们可以就店铺的基本情况进行填写，并且可以对店铺的店招进行添加。

2. 幻灯片设置

点击幻灯片设置进入幻灯片界面，如图7-2所示，更换所需的幻灯片图片。

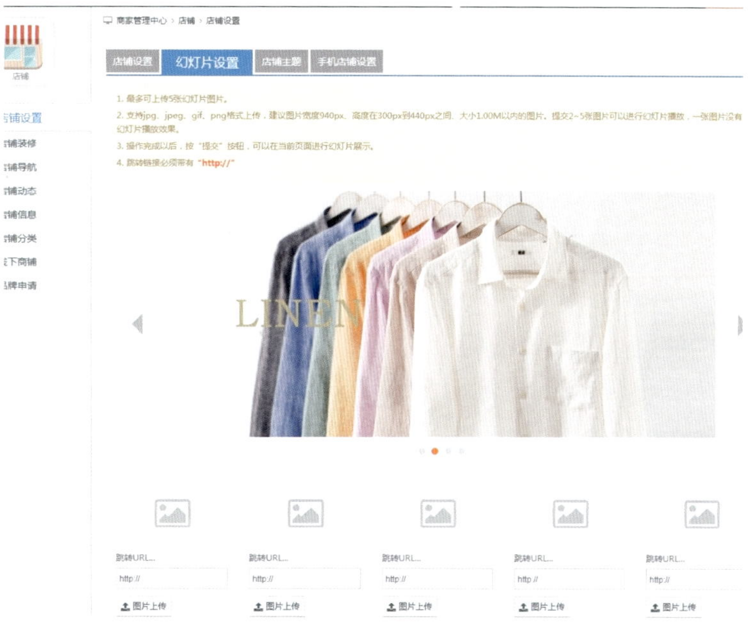

图7-2　幻灯片设置

3. 店铺主题

点击店铺主题信息选择我们要使用的店铺主题界面，选定界面即为商家店铺主题，如图7-3所示。

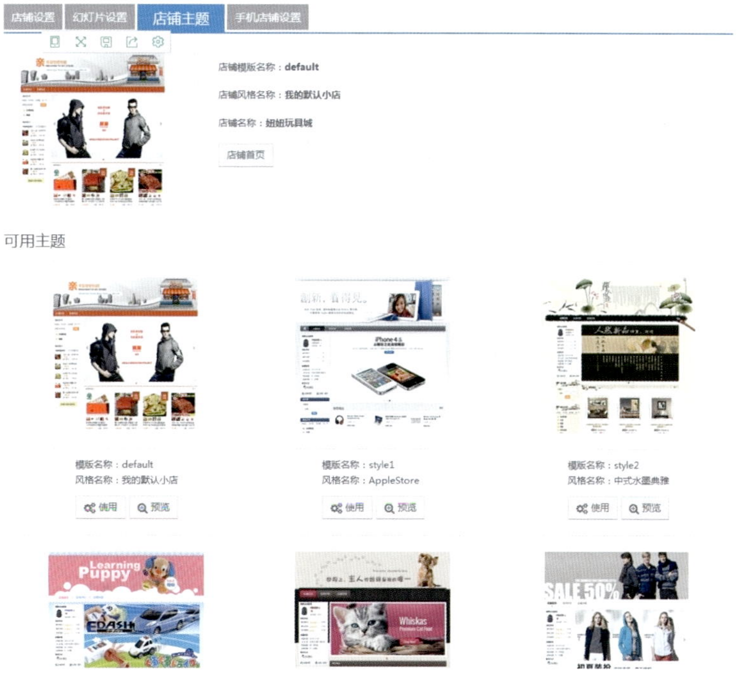

图7-3　店铺主题

7.2 店铺装修

店铺装修分为店铺装修的设置、是否启用自定义装修和装修图库的管理，其中是否启用店铺自定义装修如图7-4所示。

1. 选择是否使用店铺装修模板

如选择“是”，店铺首页背景、头部、导航以及上方区域都将根据店铺装修模板所设置的内容显示；如选择“否”，则根据 “店铺主题” 所选中的系统预设值风格进行显示。

2. 仅显示装修内容

该项设置如选择“是”，则店铺首页仅显示店铺装修所设定的内容；如选择“否”，则按标准默认风格模板延续显示页面下放内容，即左侧店铺导航、销售排行，右侧轮换广告、最新商品、推荐商品等相关店铺信息。

3. 店铺装修

点击“装修页面”按钮，在新窗口中对店铺首页进行装修设计，预览效果满意后点击“生成页面”按钮则可将预览效果保存为您的“店铺装修”风格模板。

图7-4 店铺装修设置

7.2.1　自定义装修

通过店铺装修的设置，选择启用自定义装修，点击装修页面，如图7-5所示。

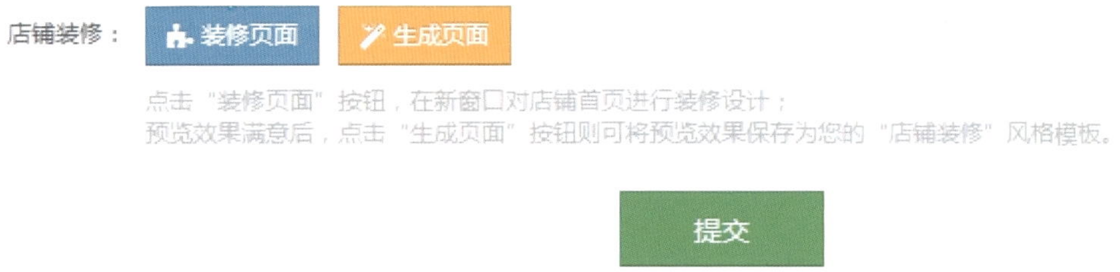

图7-5　装修页面

1. 店铺装修界面

点击“启用店铺装修”，装修页面出现如图7-6和图7-7所示的界面，编辑区域为宽1200像素的即时编辑区域。“添加布局块”后选择模块类型并进行详细设置，“设计预览”可查看生成后的效果。设置内容将实时保存，设置完成后可直接选择“完成退出”。装修模块主要分为编辑背景、编辑头部、添加布局块、设计预览和完成退出。

图7-6　店铺装修界面

图7-7　店铺装修界面

2. 自定义装修

自定义装修中我们可以用第六章中学到的HTML+CSS进行自定义装修店铺首页，如图7-8所示，把代码直接复制到自定义模块的编辑器中，点击保存就可以完成。

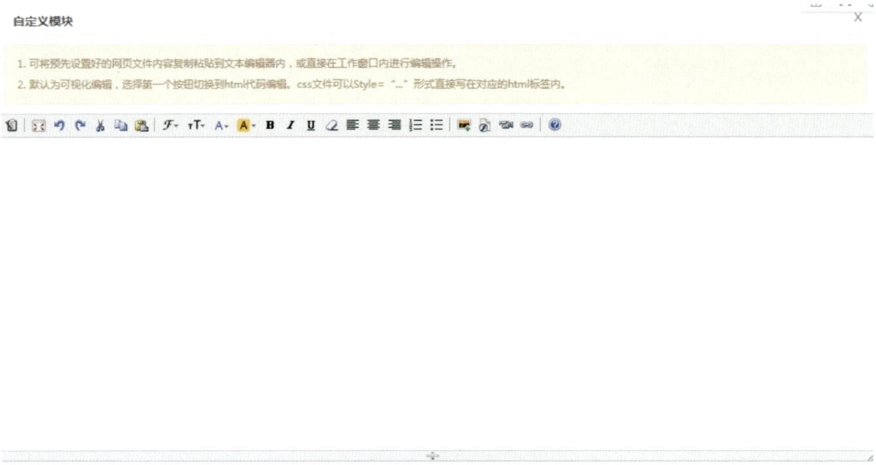

图7-8　自定义装修

3. 编辑背景

点击编辑背景弹出编辑背景信息，可以编辑背景颜色、背景图定位、背景图填充方式、背景滚动模式等，如图7-9所示。

图7-9　编辑背景

4. 编辑头部

点击编辑头部信息可以编辑头部导航的样式以及设置导航是否显示，点击头部图片可以直接编辑头部导航上方店招信息，如图7-10和7-11所示。

图7-10　编辑头部导航

图7-11　编辑头部图片

5. 预览设计

点击预览设计即可以预览商家设置的店铺样式，如图7-12所示。

图7-12　预览店铺设计

6. 完成退出

点击完成退出，装修完成，如图7-13所示。

图7-13　装修完成

7. 生成页面

预览效果满意后，点击“生成页面”按钮即可将预览效果保存为您的“店铺装修”风格模板，如图7-14所示。

图7-14　生成页面

8. 装修图库

（1）装修图库作为店铺装修时上传图片的空间，最多可上传100张图片，需定期清理无用的图片以保证正常使用。

（2）删除图片时需确认该图片已经不为店铺模板装修所使用，否则将影响装修模板显示，如图7-15所示。

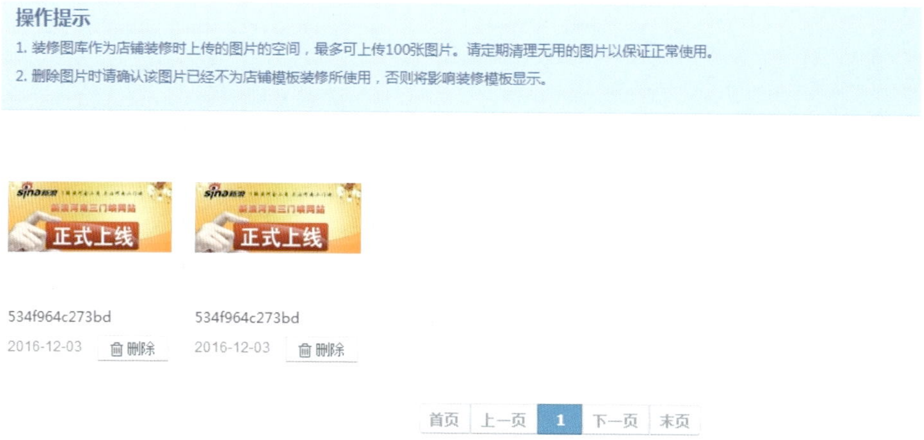

图7-15　装修图库